儒家修身次第浅述

赵 军 左玉波 张凤春 著

新华出版社

图书在版编目（CIP）数据

儒家修身次第浅述 / 赵军，左玉波，张凤春著. --
北京：新华出版社，2020.8

ISBN 978-7-5166-5282-4

Ⅰ. ①儒… Ⅱ. ①赵… ②左… ③张… Ⅲ. ①儒家－
人生哲学－研究 Ⅳ. ① B222.05
中国版本图书馆 CIP 数据核字（2020）第 147651 号

儒家修身次第浅述

作　　者： 赵　军　左玉波　张凤春

责任编辑： 徐文贤　　**封面设计：** 贝壳学术

出版发行： 新华出版社
地　　址： 北京石景山区京原路 8 号　　**邮　　编：** 100040
网　　址： http://www.xinhuapub.com
经　　销： 新华书店、新华出版社天猫旗舰店、京东旗舰店及各大网店
购书热线： 010-63077122　　**中国新闻书店购书热线：** 010-63072012

照　　排： 三河市水日方图文设计中心
印　　刷： 天津雅泽印刷有限公司
成品尺寸： 170mm × 240mm　1/16
印　　张： 12　　**字　　数：** 130 千字
版　　次： 2020 年 10 月第一版　　**印　　次：** 2020 年 10 月第一次印刷
书　　号： ISBN 978-7-5166-5282-4
定　　价： 58.00 元

序　言

中华优秀传统文化是中华民族的根和魂，是我们在任何时候都不能丢掉的。从20世纪90年代的经典读诵热开始，越来越多的人对于运用中华传统智慧解决当代问题，有了更深刻的理解、自信和期待。特别是自2012年党的十八大提出“建设优秀传统文化传承体系、弘扬中华优秀传统文化”以来，国家相继颁布了《完善中华优秀传统文化教育指导纲要》（2014年）、《关于实施中华优秀传统文化传承发展工程的意见》（2017年）以及《中华经典诵读工程实施方案》（2018年）等一系列重要文件，这标志着弘扬中华优秀传统文化已成为国家文化战略，传统文化将成为当代中国人文化自信的一个重要支撑力量，也必将对世界和谐发挥更大的作用。

在中华传统文化中，儒家思想长期居于基础性和主导性地位。因此，结合时代弘扬儒学有着特别重要的意义。然而，弘扬儒学必须保持儒家的家风——“学而时习之”。唯有学而且习，才能做到知行合一与经世致用，儒学的价值才得以彰显。否则，就会滑向“巧言令色，鲜矣仁。”沦为“小人儒”，而非“君子儒”。这不仅不利于发扬儒学，而且还有损于它矗立的基础。

儒家群经都指向修身立德，学习儒学也正在于此。就像建造大厦一样，修身过程也有其内在框架结构和逻辑关系，以及与之对应的实践步骤——亦即“修身次第”。学人一定要先从理论上掌握这个次第，然后再依照它循序渐进，从而获得成就。这才是修身的正轨。一如《大学》所说：“物有本末，事有终始；知所先后，则近道矣。”如果搞不清次第，纵然能博览群经，也难以实行；即使不无心得，也显得零零散散，不成气候。

说到次第，在儒家众经中，只有《大学》清晰立出了一套次第体系，即所谓“三纲、八目”。其余经典对于所谓次第，或未言及或言之太简。然而，“三纲、八目”固然有相当的涵括性，但一篇《大学》毕竟文辞有限，尤其是它在解释“格物、致知”的部分原文佚缺，故至少在显述层面，“三纲、八目”并不能囊括儒家所有常提到的重要原则和基本概念。另外，《大学》在阐述八目时，多数也只道出了“应该做什么”，但关于“为什么做、怎么做到、做到的标准为何……”——这些初机学人需要细致了解的内容，却述之不详。因此对初学而言，要想完整而具体地掌握儒家的修身次第，仅凭《大学》似有不足。

有鉴于此，本书以“三纲、八目”做主干；另根据《论语》《中庸》等经典，以及一般心理规律、实践经验等，在八目之外又增设若干德目，以完善其框架；同时又汇通诸经，对八目详加解释。期望由此能对儒家的修身次第，作出更为完整详细的表述。

本书既讲求原理性，更突出应用性；在开显主旨的同时，又指出实修的道阶；对于想了解儒学概貌的人，本书是一部概论；对于想实践儒学的人，本书则是一部手册。学人还能根据对次第的分判，有条不紊地涉入群经，从中广泛汲取用心的要点，而不至于学用脱节。

圣贤之道博大精深，而作者知行俱浅，要论述儒家的修身次第，实感任重力薄，唯是一片诚意使然！从起笔至今已经过四个年头，书稿虽屡经修改和推敲，但仍不免有偏颇和谬误，故恳请各方通儒达士不吝斧正！

也期待以本书之成，对修身次第这一专题研究，能起到抛砖引玉的作用。

本书由三位作者通力完成，由笔者统稿。

本书的撰著，幸蒙师友们的鼓励、关心和指教，在此对他们深致谢忱！

赵　军

2020年5月

目　录

第三篇 君子务本

第四篇 明德已立

第五篇　亲民立人

第六篇　进阶关要

第一篇

仰圣慕道

导　语

世界上有各类成功人士，圣贤也是一类特殊的成功者。想做成功人士的人很多，但想做圣贤的人却很少，这主要是因为对圣贤缺乏了解。如果能充分认识圣贤的成功之处，就会有更多的人想成为圣贤。

为此，本篇在“第一章大成至圣”，介绍了圣贤的最高典范——孔子的伟大成就；在“第二章圣贤可阶”，介绍了圣贤之道的主要特征，述及儒学的纲目和学习的次第。

前者启发人们希圣希贤，后者则指出成圣成贤的路径。对这两方面有了一定了解之后，就能建立起对儒学的基本信心，为深入学习做好铺垫。

第一章　大成至圣

孔子（前551–前479）名丘，字仲尼，出生于春秋末期的鲁国，是儒学的创始人。知其人益敬其言，学习儒学必先了解孔子。为此从三方面介绍：孔子的博学，他至高的道德成就，以及他对中国乃至对世界的深远影响。这三者之间也存在着必然的因果关系。

第一节　学集大成

《论语》是孔子及其主要弟子言论的辑录，可谓儒家的根本经典。它开篇第一句就是“子曰：‘学而时习之，不亦说乎？’”（《论语·学而》）学而且不断地实践，不是也很快乐吗？——这就是孔子一生的写照。

孔子在少年时代就立志于大人之学，如孔子说“吾十有五而志于学。”（《论语·为政》）至年耄时孔子仍“发愤忘食，乐以忘忧，不知老之将至云尔。”（《论语·述而》）可见孔子终生都在“学”和“习”中度过。孔子从不认为自己有特别的天分，只是好学过人而已。如他曾说：“十室之邑，必有忠信如丘者焉，不如丘之好学也。”（《论语·公治长》）又曾说：“我非生而知之者，好古，

敏以求之者也。”（《论语·述而》）

孔子为学精益求精，从不自满。例如，他虽深通礼乐，却“入太庙，每事问。”（《论语·八佾》）在别人看来，就像外行请教内行那样谦虚。

孔子不论学什么都要深入骨髓，绝不停在浅表。如《史记·孔子世家》曾记载一段故事：鲁乐师师襄子曾教孔子弹奏一曲，开头并未说明曲子的由来。孔子弹会了之后，师襄子就说可以再学别的了；而孔子还要再练以求得其善巧，等善巧了还要再弹以求得其意旨，等得其意旨了仍要练习，以求得其是何人所作。经过这样层层悟入，想必达到了人曲合一，孔子最后肯定地说：“丘得其为人——黯然而黑，几然而长，眼如望羊，如王四国，非文王其孰能为此也？”师襄子听了感佩莫名，辟席再拜道：“师（指自己当年的老师）盖云《文王操》也。”

孔子学无常师。如子贡曰：“文武之道，未坠于地，在人。贤者识其大者，不贤者识其小者，莫不有文武之道焉。夫子焉不学？而亦何常师之有！”（《论语·子张》）又如韩愈道：“圣人无常师。孔子师郯子、苌弘、师襄、老聃。”（《师说》）

孔子不仅能从有德者那里学到东西，而且还善于借鉴别人的过错来反省自己，从而也能学到东西。如子曰：“三人行，必有我师焉，择其善者而从之，其不善者而改之。”（《论语·述而》）“见贤思齐焉，见不贤而内自省也。”（《论语·里仁》）所以没有他不能学的对象。

孔子不仅继承，而且还能发扬。子思赞道：“仲尼祖述尧舜，宪章文武；上律天时，下袭水土。”（《中庸》）孔子继承了从尧舜以至文武周公所有的道统，且能与时俱进，因地制宜地加以运用。

就涉学的范围而言，孔子亦无有不及，并一一深造到堪为世范的高度。时人曾感叹道：“大哉孔子！博学而无所成名。”（《论语·子罕》）孔子太伟大了！他对各种领域无不通达，因此简直不知道该从哪个角度称道他的成就。司马迁则赞道：“自天子王侯，中国言六艺者折中于夫子，可谓至圣矣！”（《史记·孔子世家》）

孔子的博学不是简单的堆砌，而是将所学融贯于一身而成为集大成者。这一盛赞先是出于《孟子》：“伯夷，圣之清者也；伊尹，圣之任者也；柳下惠，圣之和者也；孔子，圣之时者也。孔子之谓集大成。”（《孟子·万章下》）东汉赵岐对此注曰：“孔子集先圣之大道，以成己之圣德者也。”（《孟子注疏·万章下》）南宋大儒朱熹对此解释为：“此言孔子集三圣之事，而为一大圣之事。”（《孟子集注·万章下》）朱子又道：“孔子无所不该，无所不备，非特兼三子之所长而已。但与三子比并说时，亦皆兼其所长。”（《朱子语类·<孟子>八》）孔子不是仅仅兼具三子之长，而兼具过去所有圣贤之长。故知孔子的集大成实在是登峰造极。

第二节　功臻至圣

一、尊居至圣

孔子既然学集大成，其成就也必然超过各家而功臻至圣。如孟子道："自有生民以来，未有孔子也。"又如宰我道："以予观于夫子，贤于尧舜远矣！"子贡则道："见其礼而知其政，闻其乐而知其德。由百世之后，等百世之王，莫之能违也。自生民以来，未有夫子也！"有若则说："岂惟民哉？麒麟之于走兽，凤凰之于飞鸟，太山之于丘垤，河海之于行潦，类也。圣人之于民，亦类也。出于其类，拔乎其萃，自生民以来，未有盛于孔子也！"（《孟子·公孙丑上》）《论语·子张》还有一段记载：当听到有大夫毁谤孔子，子贡严词应道："无以为也！仲尼，不可毁也。他人之贤者，丘陵也，犹可逾也。仲尼，日月也，无得而逾焉。人虽欲自绝，其何伤于日月乎？多见其不知量也。"子贡另赞道："夫子之不可及也，犹天之不可阶而升也。"足见孔子成就之高，是前无古人。

太史公司马迁回顾三百年的历史而感叹道："天下君王至于贤人众矣，当时则荣，没则已焉。孔子布衣，传十余世，学者宗之。自天子王侯，中国言六艺者折中于夫子，可谓至圣矣！"（《史记·孔子世家》）即从中国近代往观，虽然俊杰迭起、贤达辈出，又有谁能与孔子相提并论呢？

二、圣人境界

圣人内证深妙，其境界难以言表。如人饮水，冷暖自知，唯有圣人自己才完全了解，贤者也只能知其少分。即使是深得孔子心法之复圣颜子，犹喟然叹曰：“仰之弥高，钻之弥坚，瞻之在前，忽焉在后。夫子循循然善诱人，博我以文，约我以礼。欲罢不能，既竭吾才，如有所立卓尔。虽欲从之，末由也已。”（《论语·子罕》）更多的人只能依凭经典章句，揣度圣心而已。

如《中庸》赞云：“唯天下至圣，为能聪明睿知，足以有临也；宽裕温柔，足以有容也；发强刚毅，足以有执也；齐庄中正，足以有敬也；文理密察，足以有别也。”这是形容圣人以其完美盛德而御临天下。

《中庸》又云：“大哉，圣人之道！洋洋乎，发育万物，峻极于天。”“博厚所以载物也，高明所以覆物也，悠久所以成物也；博厚配地，高明配天，悠久无疆。”又形容圣人之泽被万物，“辟如四时之错行，如日月之代明；万物并育而不相害，道并行而不相悖；小德川流，大德敦化。此天地之所以为大也。”圣人的崇伟，只能以天地日月做比喻了。

圣人之德又展现为知（同智）、仁、勇这三方面——即《中庸》所谓的三种“天下之达德”。如子曰：“君子道者三，我无能焉；仁者不忧，知者不惑，勇者不惧。”子贡曰：“夫子自道也。”（《论语·宪问》）虽然孔子自谦，但子贡深知孔子已完臻三德。

另可从孔子自述来看他的成就。如子曰："志于道，据于德，依于仁，游于艺。"（《论语·述而》）矢志于道、不怨不悔谓之"志于道"；修道有得、据之不失谓之"据于德"；修德纯全、动则由义谓之"依于仁"；兴游六艺、博施济众谓之"游于艺"。这是孔子对其生平大纲的总结，显示了从内修到外治的完满过程。

又如子曰："吾十有五而志于学，三十而立，四十而不惑，五十而知天命，六十而耳顺，七十而从心所欲不逾矩。"（《论语·为政》）这段话道出了孔子得道的六个里程碑：

首句表示，孔子从十五岁起就立志于大学之道，至三十岁时方得道心纯固、无复动摇。盖一时振作向道者，虽然稀贵，但尚有其人，而能经过磨砺，仍坚固不退者则甚为稀有。孔子用了十五年的工夫才达到这一高度。这也说明建立宗旨之难能可贵。

"不惑"则指对于善恶之理已无复疑惑。"知天命"则扩大到对于万事万物的运行规律已了然明白。

"耳顺"则以耳闻为例，凡见闻念触无不随感随通，无有滞碍，达到"感而遂通天下"（《易·系辞上》）的境界。这是因为功深垢净，心如明镜，物来影现，无不朗朗鉴照。如明朝大儒王阳明先生云："圣人之心如明镜，只是一个明，则随感而应，无物不照。"（《传习录·陆澄录》）

"从心所欲不逾矩"表示克己事毕，功夫绝顶，所有烦惑积习都已连根拔除，虽随意施为，都不违越道德礼法，安住于浑化无迹的圣人境界。

孔子从十五岁立志，到七十岁才大成，这也说明了圣人既非天生，也非蹴就，而是渐修渐成的。既然圣道有迹可循，凡有志者皆可效学，不必徒然仰望而已。

第三节　万世师表

孔子是举世公认的世界文化巨人，是中华文化最杰出的代表，是中国上古文化的传承者，在教育、政治、哲学、文学、史学等诸多方面都做出了重大贡献，被誉为大思想家、教育家、政治家。然而，孔子无论是开坛讲学，亲定礼乐，还是辅君议政，为官施治，虽然取法有别，但无不是以教化为旨。孔子亦自述以教化为任："若圣与仁，则吾岂敢。抑为之不厌，诲人不倦，则可谓云尔已矣。"（《论语·述而》）故以导师赞之最为贴切。是以自隋唐以降，孔子多被尊为"先师"，并再冠以"大成""至圣"等尊冕。至民国期间，孔子被奉为"大成至圣先师"。"万世师表"则见于清康熙皇帝为孔庙大成殿所题写的匾额。以下从四个方面阐述孔子的教化之功。

一、创立圣贤教育体系

教育旨在培养各种人才，而培养圣贤的教育堪称是人类最伟大、最崇高的教育。孔子用毕生精力创立了一个圣贤教育体系并传承至今，这是对人类社会巨大的贡献。

圣贤教育是对圣贤心法的传递，为师者必须先自备其德才能传之有物；要形成教育体系，为师者还要掌握引导各类人群的方法；要使弟子真正能够成长，为师者还要有诲人不倦的精神。孔子之所以能够开创圣贤教育体系，正因为他完全具备了这些德能。

特别是孔子不仅成为圣人，而且还成为圣人中之集大成者。集大成者的特点是：对前人的各种德道都一一亲修实证，就像对通向山顶的各条路径都亲自走过，并能融会贯通。从而对道的本末次第、关联枢要，以及种种引导方法都了如指掌；继而对各种根器都能循循善诱，使其从各自的立足点上趣入大道。所以，孔子之教能普适于自天子以至于庶人的一切人等。这也是对圣人能“发育万物”之一解。

在历史上，儒学体系因应时代经过几次演化：在战国时期主要是孟子、荀子的发扬，分别侧重于仁学和礼学。经历秦朝焚书坑儒的重创之后，儒学在西汉又得以重振，出现以董仲舒、刘歆为代表的今、古经学以及谶纬神学。在魏晋时期受庄、老影响，形成以何晏、王弼为代表的玄学。唐代韩愈、李翱为了扬儒抑佛，提出儒家的道统说和性情论。宋明时期又发展为程朱理学和陆王心学。清代前期有汉学、宋学，中叶以后则今文经学再度兴起。在“五四”新文化运动之后，以梁漱溟、熊十力、马一浮、冯友兰等为代表的一批坚信中国传统文化的学者，又发展了所谓新儒学。

虽然这些演变都带有各自的时代特点，但无不是以道德修炼作为命脉，而这正传续了儒家最核心的精神。儒学在漫长的历史考验中能屹立不摇，其最根本的原因，正在于它上契真理、下通人伦的道德本质，故一再显示出强大的生命力和历久弥新的社会价值。

圣贤教育体系的载体主要是人，然而也离不开典籍。孔子说他“述而不作，信而好古。”（《论语·述而》）虽然孔子自己并不想著说传世，但他深知经典存世之要。于是，他在六十八岁时，不顾年迈体衰，倾注毕生所学，开始删《诗》《书》，定《礼》《乐》，修《春秋》、为《易》作传，研《易》竟至“韦编三绝”。有了经典可依，为师者便能述之有据，为学者亦能信之有凭，于是道统便能传之无谬且传之久远。孔子本人虽未著书，但他的思想和言行还是被辑入《论语》《孝经》等流传至今，成为我们直探圣心的重要依据。至南宋时《诗》《书》《礼》等儒家十三经被历史确立，各种注疏也蔚然大观。如此千秋之功岂非由孔子肇基。

“天不生仲尼，万古如长夜。”（《朱子语类·孔孟周程张子》）圣人不出，世人就不知道、也不可能知道人生可以达到的高度，而只能在平庸中活过。孔子及其所开创的圣贤教育体系，就像一盏千古明灯照耀着世间，让多少人从庸庸暗暗中转身，走上修身立德的光明大道。

二、培养杰出弟子

《史记·孔子世家》记载：“孔子以《诗》《书》

《礼》《乐》教，弟子盖三千焉，身通六艺者七十有二人。”在春秋时代，中国人口不过数千万，而孔门却有来自鲁、齐、晋、宋、卫、陈、蔡、秦、楚、吴等各国的弟子达三千之众，差不多每万人中就有一位是孔子的学生。当时的交通、通信等都极为不便，却仍有许多弟子不惮艰辛，几乎终生追随孔子学习。孔子殁后他们还能服丧三年，乃至子贡愿独守六年。他们不为名利，只因慕道而来，足见孔子道德学问的感召力是多么强大。

孔子有教无类，一视同仁。向他求学者来自华夏及当时所谓的蛮夷各国，并遍布各个阶层。有来自权贵阶层的鲁大夫孟懿子、南宫敬叔等，有为鲁国权臣季氏当管家的冉有；更多的则来自平民阶层，如颜回、曾参、仲弓等人，还有曾身陷囹圄的公冶长。弟子们天资禀赋各异，有不违如愚的颜回，天性极孝的闵子骞，严谨治学的子夏，富可敌国且擅长外交的子贡，还有直言豪爽、勇武过人的子路等等。他们的年龄跨度也很大，如年长的颜路只小孔子六岁，年轻的如公孙龙则小孔子五十三岁。

弟子中有贤者七十二人，皆身通六艺，可谓是一流的人才。这其中更有为孔子所亲口称赞的十哲。按四科论，《论语·先进》提到：在德行方面最为淳厚扎实的是颜渊、闵子骞、冉伯牛、仲弓，在言语方面最为智敏善辩的是宰我、子贡，在政事方面最为干练善裁的是冉有、季路，文学方面最为博学广识的则是子游、子夏。有子、曾子等后来居上，也成为孔子最优秀的弟子。

论其道德、才能，颜渊做到了“三月不违仁”，“不迁怒，不贰过”，“闻一以知十”。曾子有每日“三省吾身”之功，且因深体孝道被孔子授以《孝经》，并作《大学》传世。子路闻过则喜，且“片言可以折狱。”（《论语·颜渊》）“千乘之国，可使治其赋也。”（《论语·公冶长》）子夏对《诗》《书》等多作发明，如东汉徐防道：“臣闻《诗》《书》《礼》《乐》，定自孔子；发明章句，始于子夏。”（《后汉书·邓张徐张胡列传》）子贡外交能力卓越，当鲁国受危时曾出使游说诸侯，结果“存鲁，乱齐，破吴，强晋而霸越。子贡一使，使势相破，十年之中，五国各有变。”（《史记·仲尼弟子列传》）“雍也可使南面。”（《论语·雍也》）冉雍则有人君之相。

孔子依六艺、四科，培养出众多的贤人君子。他们遵礼修身，经世致用，对儒学的弘传和社会的发展，都做出了卓越的贡献。孔子的教育成果，实令人叹为观止。

三、塑造中华思想文化基因

自汉武帝“罢黜百家、独尊儒术”之后，儒学逐渐成为中华传统文化的正统和主干，长期居于基础性和主导性地位。千百年来，仁、义、礼、智、信等概念已成为中华民族思想文化最主要的基因，它们滋养着中华民族的精神生命，影响着人们的价值观和行为准则，浸润着君臣（泛指上下级）、父子、兄弟、夫妇和朋友这五伦关系，维护着家庭及社会的良好秩序，对缔造人民福祉和促进社会和谐发挥了不可替代的重要作用。

特别值得一提的是，汉传佛教能够扎根东土，与中华民族具有儒家思想基础有着很大的关系，因为佛儒两家在框架和义理上有诸多相通之处。例如：佛教的“悲、智、力”与儒家的“仁、知、勇”，佛教的戒与儒家的礼，佛教的“自觉觉他、觉行圆满”与儒家的“明德亲民、止于至善”，佛教的“闻、思、修”与儒家的“博学、审问、慎思、明辨、笃行”，佛教的“自净其意”与儒家的“反求诸己”，佛教的“调伏此一心，一切得调伏”与儒家的“一日克己复礼，天下归仁焉”；又如佛教讲因果，儒家亦说“积善之家必有余庆，积不善之家必有余殃”；佛教要断除贪、嗔、痴，儒家则要格除物欲、纠治忿懥等；佛教要修平等舍，儒家则要去除偏辟；佛教有“止观”或“定慧”，儒家则有“止、定、静、安、虑、得”等；佛教讲“自性本自具足、自性能生万法”，儒家则认为“万物皆备于我”等等，相类者不可胜举。其主要原因在于儒释两家都重视心性，皆以济世为己任，只是立旨的时空格局有所不同。正因为如此，将释儒汇通、相互发明的佛门大德也代不乏人，例如明朝藕益大师就是最具代表性的人物，他著有《论语点睛》《大学直指》《中庸直指》和《孟子择乳》（已佚）。

在当代，儒家思想依然发挥着重要作用。如习近平总书记强调：“培育和弘扬社会主义核心价值观必须立足中华优秀传统文化。”（习近平在中共中央政治局进行第十三次集体学习时讲话，2014年）二十四字的社会主义核心价值观——国家层面的“富强、民主、文明、和谐”，社会层面的“自由、平等、公正、法治”，以及个人层面的“爱国、敬业、诚信、友善”，也都透出浓厚的儒家“弘毅、忠恕、仁爱、和合”的精神。

毋庸讳言，贬评儒家的声音也是存在的，但基本上都是出于误解或偏见。较典型的例如：

1. 有人认为：儒家重视经验理性忽视逻辑理性。这种看法并不客观，其实儒家是非常重视思辨的。如子夏曰：“博学而笃志，切问而近思，仁在其中矣。”（《论语·子张》）《中庸》将修道归纳为“博学、审问、慎思、明辨、笃行”这五个步骤，显然也是非常强调思辨的。颜回对孔老夫子思路之敏妙更是以“瞻之在前，忽焉在后”来形容；《孟子》里比比皆是孟子缜密犀利、充满智慧的问答。不过在圣贤胸中，思辨与体验已融为一体，言辞所指尽是用心的路径。若不潜心用功，也的确难窥其脉络。所以，儒学不是没有逻辑理性，而是必须结合修心过程才能契会。

2. 又有人认为：儒家重视精神轻视技术，强调继承禁锢创新等等，由此妨碍了社会的进步和发展。事实并非如此。儒家的确强调以修身立德为本，但这并非要摒弃枝末，而是强调要由本及末，若逐末失本则本末俱失。如《大学》所谓“其本乱而末治者，否矣。”技术、经济本来就是世人的所好和所长，而圣人重在启发世人所不好、所不擅长的道德之学，故对前者自不必再大加发扬，但也绝无忽视之意。如《中庸》提出的经营天下国家的“九经”之一，就是要“来百工则财用足”；又如《论语·子路》中记载，孔子来到卫国见其人口众多，便告诉弟子要先“富之”，然后再“教之”。这正说明了“仓廪实则知礼节，衣食足则知荣辱”（《管子·牧民》）的道理。

儒家的确重视继承，例如孔子也是“述而不作”。但这是专就传续经义内涵而言；在应用上，孔子则处处将古训精神与时运世情相结合，活泼泼用在当下，故又可谓“既述且作”。所以，孟子尊孔子为圣之时者——真正做到了使先圣道统与时俱进。

3．还有人认为：儒家强调大同、抑制个性，强调伦常等级、抑制自由平等。对此需平心而论。平等、自由、个性，这些都是人们想要的东西。然而，如果无视人与人之间必须相互依赖、有序共存的事实，人人都以自我为中心评断是非，从私欲出发处理问题，那样就会天下大乱。结果包括自己在内，谁也不得安乐。儒家提出的“君君、臣臣、父父、子子”，意为：不论是君、是臣、是父、是子，每个角色都要以仁为本，依礼循分地与上下左右的人相处，使人群内部关系达到一种良性平衡，于是就会家齐、国治、天下平，出现“老者安之、少者怀之、朋友信之”（《论语·公冶长》）的幸福景象。所以，可以说敦伦尽分是最健康、也是最优化的社会关系，是在系统观、整体观下的必然选择。若着实论之：人人克己复礼才是真平等，格除了私欲之缚才是真自由，人不知而不愠才是真个性。

如果不用仁礼之教提升自我，而用来做表面文章，或者断章取义、曲解错解，或者拿它来要求、挞伐别人以维护私利，乃至以力假仁，这些都不是真儒学而是假儒学。真儒学足以强国富民，假儒学则使人心相背，国势危亡。有人将近代中国的屈辱落后归咎于儒家思想，这是没有分清真、假儒学所致，总不能因为有假药害人，就否定了真药的价值。因此，每一个想学习和弘扬儒学的人，都有责任检省自己有没有背离真儒学，儒门兴衰实系于学人自身的修为。

四、德泽天下

孔子之教是东方思想文化中的一座巅峰，它的辐射力遍及整个世界。儒家思想早在秦汉时期就传播到朝鲜、日本和越南，后来更是传到新加坡、马来西亚、印度尼西亚等东南亚国家。儒学不仅对于促进这些国家的政治、经济、文化的发展产生了积极作用，甚至成为这些国家传统思想中最重要的组成部分。中国和这些亚洲国家一起被史学家称作“儒家文化圈”。

儒家思想在十六世纪末开始传入西方。中国哲学著作的第一个西传译本是元末明初范立本所编的《明心宝鉴》，书中荟萃了中国古圣贤有关修身立命之说的精华。此书由西班牙传教士高母羡翻译。后来该书又流传到中国近邻，六百多年来一直风行于日、韩等国，成为青少年启蒙教育和个人修身励志的经典读本。最早向西方翻译四书的是意大利传教士罗明坚、利玛窦。利玛窦在1594年写给友人的信中对四书称赞道：“它是一本值得一读的书，是伦理格言集，充满卓越的智慧之书。”德国哲学家莱布尼兹早在1676年就读过儒家书籍，他认为在政治、伦理方面，中国远胜于欧洲。

在十七至十八世纪，第一次世界大战结束后以及二十世纪八十年代，西方曾三次掀起研习孔学的热潮。法国学者维吉尔·毕诺在《中国对法国哲学思想形成的影响》（商务印书馆，2013年）一书中，以翔实的资料表明：在十七至十八世纪，中国儒家的重农主义、文官科举制度、修史传统、伦理道德、完整的治国之术、多种文化派别的并存与争鸣，以及哲学思想界经常出现的大论战等，对法国思想界产生了深刻的影响。伏尔泰、孟德斯鸠、圣西门等法国哲学大师，都从当时的“中国热”中吸取了丰富的营养。伏尔泰曾将孔子像挂在个人小礼堂中朝夕膜拜，将“已所不欲、勿施于人”（《论语·颜渊》）奉为座右铭。这句话也被引入法国《人权宣言》里作为对道德的一个界定，而这个宣言后来又被移入法国宪法的序言；这部法国宪法后来又成为欧美各国制宪的依据。德国古典哲学创始人康德，是近代西方哲学的集大成者，他的思想体系也深受当时中国文化热的影响。谢文郁在《康德的“善人”与儒家的“君子”》（云南大学学报<社科版>，2011年3月）一文中提出：作为康德出发点的“人的自我完善”意识，实质上就是“儒家修身养性”的概念。

一战结束后，欧洲各国面对满目疮痍，痛定思痛，又掀起学习孔子仁爱思想的热潮。二十世纪八十年代，物质文明高度发达的西方各国，深感道德沦丧和国家危机，再度把目光投向孔子，开始了研习儒学的又一热潮。1984年美国出版的《人民年鉴手册》将孔子列为世界十大思想家之一。1988年，七十多位诺贝尔奖得主在巴黎发表宣言："如果人类要在二十一世纪生存下去，就必须回首两千五百年前去汲取孔子的智慧。"

为什么儒家思想会令西方有识之士这么重视呢？著名的美国儒学家安乐哲教授曾撰文《不能留恋个人主义》（人民日报，2014年11月7日），对此作出了精辟论述：

"中华文化重视人、社会、自然以及宇宙相互依存的关系。在中华文化看来，人是由关系构成的，植根和受教于相互交往关系。"

"西方到处蔓延的个人主义意识形态及与之伴随的'自由价值'……竞争是其本质。"

"中华文化基于一个共同思想根源：无论儒家、释家还是道家，作为出发点的价值观、意识倾向与行为，都基于'以关系为本'的认识。"

"个人主义的'教义'，深深植根于西方哲学传统中。""西方启蒙运动将人定义为理念上自由、自立、'理性''正当地自私'的个体。"

"事实已越来越清楚，极端自由主义经济制度不仅无助于解决当今世界的痼疾，而恰恰是这个世界病入膏肓的主要诱因。""这种个人主义不仅不能使我们很好理解家庭和社群的共同生活，而且与作为经验事实的这种共同生活形成紧张对立。""这种虚构的个人主义掩盖了体现真实家庭关系特征的人与人之间的亲密性、相互依存性。"

“在儒家哲学的阐释框架中，人与人之间密切联系的生活是无可争议的经验事实。”“对儒家来说，家庭的意义体现和依赖于每一位家庭成员的良好修为。推而广之，整个宇宙的意义也体现和依赖于家庭、社群成员以及更丰富角色的良好修为。”

“孔子从人最基本和生生不息的普通经验中得出真知灼见，这些经验包括孝悌、敬人、交友、知耻、诲人、乐群等。”“时移世易、人事代谢，儒学却能穿越历史烟云，与时俱进、生生不息。在我们这个时代，儒学仍然是世界文化秩序变革的重要资源。”

第二章 圣贤可阶

圣人之德高山仰止，但如果不了解圣贤之道——成为圣贤的方法的话，就只能徒作仰望而已，而且其德愈高，愈让人觉得难以企及。因此，只有先了解圣贤之道，认识到它切实可行，才有可能生起成圣成贤的希愿。为此，本章先对圣贤之道做一概要说明。

第一节 学而知之

儒家常常提到小人、士、君子以及圣贤的概念，这些是从道德的角度对人群所作的一种划分。此处的“小人”是指不问大道，格局渺小的人，并不是指那些搬弄是非、背后使坏的人。

士、君子原本指官僚贵族，春秋末年以后多被用作对有道者的称谓。大体而言，士是指志在圣贤、以仁为己任并着手实践的人，如“士不可以不弘毅，任重而道远。仁以为己任，不亦重乎？死而后已，不亦远乎？”（《论语·泰伯》）君子是指克己修身的功夫已相当稳健，能不为境界所动的人。如“君子无终食之间违仁，造次必于是，颠沛必于是。”（《论语·里仁》）君子之上乃为圣贤。圣人是完人，达到“人伦之至也。”（《孟子·离娄上》）又如“才德全尽谓之圣人。”（《资治通鉴·卷第一》）贤人则分证圣人之德，气相近乎圣人，如“子夏、子游、子张，皆有圣人之一体；冉牛、闵子、颜渊，则具体而微。”（《孟子·公孙丑上》）也是很了不起的成就者。孟子曰：“从其大体，为大人。从其小体，为小人。”（《孟子·告子上》）从士以上就可以算作大人了。

一提到君子、圣贤，人们除了崇仰赞叹之外，总觉得那些人天生不凡，自己如此平庸，根本不可能跻身其列。其实，圣贤并非天生就是圣贤，常人也并非天生就不能成为圣贤。如孔子说：“生而知之者上也，学而知之者次也，困而学之，又其次也。”（《论语·季氏》）又云：“我非生而知之者，好古，敏以求之者也。”（《论语·述而》）夫子说他并不是“生而知之”者，而是“学而知之”的中等资质者，是靠后天勤学成功的。一般而言，极上和极下者都是少数，多数人都处在中间。因此，大部分人都能像孔子一样学而知之，又怎能说自己无望呢？

除了资质非上以外，孔子的家庭条件也不理想。孔子的父亲叔梁纥虽是宋国君主的后代，但后来避难迁鲁，家势衰退，在孔子三岁时就离世了。孔母颜氏知书达理，给了孔子很好的启蒙教育。但她要养活全家，除孔子外还要照顾孔子同父异母、身有残疾的哥哥，终因操劳过度，在孔子十七岁时也早早去世了。家境贫穷若此，年少的孔子就必须干粗活、给人打工。如子曰“吾少也贱，故多能鄙事。”（《论

语·子罕》)

所以不管是论天生资质，还是论家庭条件，孔子都不算优越。而他就是在这样的起点上，从十五岁立志于学，矢志不渝而竟登大成至圣。实际上，孔子乃“天纵之将圣”(《论语·子罕》)，是生知安行之人(如果连孔子都不是，那就没有这类人了)，本不必这样渐积渐成。但孔子之所以如此，意在教导后人：只要肯学，人人可以为圣贤。否则，即使基础条件再好，也只能流于凡庸。

第二节　近道有方

儒典洋洋大观，对常人而言读不胜读；即使能博览群经，又多见其头绪众多，义理相类而繁复，也因此不容易看清实修的路径；即使在个别点上不无心得，但在整体上却难以有大的长进。故时有儒学美则美矣，却不得其门而入之感。

要解决这个困扰，关键在于能掌握儒学的进修次第。次第就是顺序，顺序反映的是层层递进的因果关系。其实，凡欲成事皆有其次第，儒学也不例外。如《大学》说道：“物有本末，事有终始；知所先后，则近道矣。”知道了大学之道的本末始终、先后次第，就近于道了。《中庸》亦云:“君子之道，行远必自迩，登高必自卑。”这也是在强调为学必依次第。如果能先把儒学整体次第研究透彻，那么不论所学的概念和义理再多再繁，也都能有条不紊，各安其位；

学习时从浅近处开始，对现在当做、能做的现在就着力；对将来要做的现在就为它做铺垫，待基础够了再跨上去。如此依序进阶，稳扎稳打，岂有不成功的道理。而望洋兴叹、原地踏步、门外空转以及躐等急求等弊病都一一避除。不然的话，把各种德目都杂糅在一起练习，就像把大学、中学、小学的课程混在一起学，除了让人茫然无措之外，还会有什么结果呢？正如《礼记·学记》所说："不凌节而施之谓孙。""杂施而不孙，则坏乱而不修。"不依次第而杂乱教学，这样做只能破坏教学。

从古人的做法上亦能明见此理。朱熹与吕祖谦两位大儒曾共同研读周敦颐、程颢、程颐和张载的著作，并叹其"广大闳博，若无津涯"。他们深恐"初学者不知所入"，随从四子著述中择取"关于大体而切于日用"的语录共六百二十二条，辑成《近思录》一书传世。吕祖谦在序中说道："至于余卷所载讲学之方，日用躬行之实，自有科级。循是而进，自卑升高，自近及远，庶不失纂集之旨。若乃厌卑近而骛高远，躐等凌节，流于空虚，迄无所依据，则岂所谓近思者耶？"

足见为学必依次第。

或问：圣人之学活活泼泼，岂有呆板的次第？答曰：活活泼泼是指学道要结合实现实，活学活用，并非指不需要章法。再者，圣人的境界不同于达成圣人境界的方法。圣人已臻化境，虽活泼自在而无不中道，对任何一个概念既能深讲，也能浅说，开合会通，无不自得。如讲一个孝字就能彻始彻终，用一个诚字就能提纲挈领，以一句“思无邪”即可以该贯六经。这种高明的境界足以启发后人的仰望。但是作为初机为学，必须依着规矩练习，不拘一格是将来的事，倒果为因是行不通的。譬如大书法家可以龙飞凤舞，小学生则必须从临摹字帖入手，未来才能臻微入妙啊！

第三节 三重次第

儒学次第有多个层面，较上层的有三个：一是“以见导行”的见行次第，二是“由纲及目”的立见次第，三是“依目进阶”的用功次第。以下分别解释。

一、以见导行

见指见解，行指行为，见解支配行为。所以，要想改变行为，必先改变见解。《中庸》对此言之凿凿，说道：“博学之，审问之，慎思之，明辨之，笃行之。”前四项即指确立见解，最后一项即指行持。故“立见在先、以见导行”之义甚为明显。

修行长进了，对道有了亲身体验，回过头来又能提升见解，见解提升了又能深化修行，所以又有见行相资之效。

二、由纲及目

既然要立见为先，那么这个见解体系应该以什么方式构建呢？

参酌四书，尤以《大学》由纲及目的建构方式最为明了易学，故宜效法。具体言之：以总纲明确主体，以子目开显细节，并楷定由浅入深的次第；以纲率目，汇目归总，从而对整个道体了然于胸。用这样的方式学习有六大好处：

1．方向问题是根本性问题。明确了总纲，则大方向就不会错。

2．了知了总纲，就了知了主旨大义，就知道大学之道“值得获得”及“应该获得”；了知了子目次第，就知道这个大义“如何获得”及“能够获得”，就会对为学充满信心和期待。

3．见到上上德目之美，便更乐于在下下德目上扎实用功，因为后者是前者的基础，为获上上而乐修下下。

4．不会在下下学有所获时，就得少为足。因为体验到初习下下已如此美好，若更修上上必定胜景无限，故将学而不厌，更希上进。

5．见到上上基于下下，眼高手低者能熄灭傲慢，将脚踏实地而不至于心高自误。

6．见到下下虽不及上上，但也在德目之列，心志不足者也能找到下手处，而不至于甘居下游，无所作为。待其气力长养，又怎能断言其不发上上之志。

三、依目进阶

在明了纲目之后，就要依目渐进，以达总纲。需要指出的是，也不必等到把所有道理完全参透之后才开始用功，对于已经明确的部分，只要是符合次第且是力所能及的，现在就应该着手练习。从孔老夫子的“学而时习之。”“学如不及，犹恐失之。”（《论语·泰伯》）以及子路的“子路有闻，未之能行，唯恐有闻。”（《论语·公冶长》）等懿范中可以看到，古人的学跟习是形影不离的。但与此同时，一定要保持对整体纲目的熟悉度。这样就能养成既脚踏实地，又高瞻远瞩的学风。

依目进阶也就包括了“先立己、再立人”等次第，这些概念在后文中还会论及。

第四节　纲目依据

这三重次第都是围绕着“构成道的纲目体系”来谈的。那么儒学的纲目为何呢？这必须从儒家经典中寻求依据。

在四书中，显说纲目的大概只有《大学》了。朱熹在《大学章句》中说：“子程子曰：‘大学，孔氏之遗书，而初学入德之门也。’于今可见古人为学次第者，独赖此篇之存，而《论》、《孟》次之。学者必由是而学焉，则庶乎其不差矣。”朱子又道：“某要人先读《大学》，以定其规模；次读《论语》，以立其根本；次读《孟子》，以观其发越；次读《中庸》，以求古人之微妙处。《大学》一篇有等级次第，总作一处，易晓，宜先看；《论语》却实，但言语散见，初看亦难；《孟子》有感激兴发人心处；《中庸》亦难读，看三书后，方宜读之。”“今且须熟究《大学》作间架，却以他书填补去。”“先通《大学》，立定纲领，其他经皆杂说在里许。通得《大学》了，去看他经，方见得此是格物、致知事，此是正心、诚意事，此是修身事，此是齐家、治国 、平天下事。”（《朱子语类·<大学>一》）

从中可以看出朱子有两个观点：第一，为学应先掌握整体格局和间架次第，再将群经纳入其中而依序进修；第二，唯《大学》纲目分明，余经不然，故应先学《大学》。显然，《大学》的“三纲领、八条目”——“明明德、亲民、止于至善”之三纲，与“格物、致知、诚意、正心、修身、齐家、治国、平天下”之八目，无疑是对儒学纲目的一种重要表达方式。本书将此纲目合称明德体系，又将其三纲称作明德三纲。

《论语》是儒家的根本经典，它虽不像《大学》那样明显表达出一个纲目系统，但“孝悌为本，克己复礼为仁”这个中心思想却非常鲜明，故“以仁为体、以孝为本、以礼为用”可谓对儒学总纲的又一提法，本书称之为仁德三纲。其他还有诸多表达道德的概念，如忠、恕等等，或与仁德三纲相当，或可视为其下的细目。本书将这些纲目合称仁德体系。

至于《论语》中的“吾十有五而志于学，三十而立，四十而不惑，五十而知天命，六十而耳顺，七十而从心所欲不逾矩”，以及“志于道，据于德，依于仁，游于艺”等，虽亦有框架、次第的性质，但为了便于初学者理解和下手，避免头绪太多或太简略，本书将以明德体系为主干，将仁德体系融入其中，并结合实际的心理规律来阐述儒家的修身次第。

孟子是亚圣，仅次于孔子。孟子生活在战国中后期，他的主导思想仍在于仁，并特别针对当时的社会问题力倡“尊王贱霸、明性善、辟邪说”，实大有功于孔教。《孟子》之训仁智双臻，事理兼备，书中将广泛引证。

《中庸》阐述了君子由至诚尽性，入于致中和的高明境界，遂“可以赞天地之化育”、“可以与天地参”。这些境界足资仰望，启发后学立志。其中所提出的修心共轨，如“学、问、思、明、行”，以及治世“九经”等，皆可援以诠释八目。

其他的如《孝经》中“始于事亲、中于事君、终于立身”的内涵，自可纳入“以孝为本”之义。

第五节 纲目主旨

儒学纲目涉及诸多概念，要透彻理解它们，就一定要抓住其中心思想。为此先回到一个原点问题——什么是人类的需求？人类的需求有千千万万，但考其共性只有——“远离痛苦”与“得到快乐”这两方面，它们其实是一体两面。

关于离苦得乐之道，各家取法不一，然而都绕不开两大基本问题：第一、是以满足物欲为主，还是以提升心灵为主？第二、是以自我为重，还是以他人为重？不同的选择来自不同的逻辑，今一一析之。

关于第一个问题：以追求物欲满足为主的人认为：苦乐程度取决于物质的多寡，要更快乐就要享受更多的物质。然而，物质有限而欲望无穷，在物欲的驱使下，人类势必相互争伐，对自然界势必加剧破坏；纵能暂时尝到一些甜头，但终将备尝苦果——付出的代价将远远超过前面的那点好处。众所周知，评价事物的时间跨度越长，结论就越客观也越合理。但不幸的是，短视者多、远见者少，算小账者多、算总账者少。所以从历史来看，人类每每小盈而大亏。

提升心灵就是修炼内心，以修心为主者认为：苦乐纯属感受——包括心理（精神、心灵）上的与生理（感官）上的这两类。仔细分析会发现：人们日常大部分感受都是以前者为主；虽然心理感受会受到生理感受以及外环境的影响，但主要是取决于心态——观念、习性等的复合物。用不同心态面对同一境界，会有不同的感受。既然如此，那么靠改变心态就可以改变心理感受。特别当心态升华到一定高度，就能在相当程度上超越感官的役使，从而获得超然物外的快乐，而且远比物欲满足之乐来得更深更妙。根据这一原理，解决苦乐问题也完全可以以提升内心为主。当然，这并不意味着要完全否定物质，因为一定的物质条件也是人类生存的基础，不过这与前面的“唯欲是从”是两码事。

平心而论，外部的事物大都难以掌控，而且“不如意事常八九，可与人言无二三”，通过改变外境来满足欲望的空间其实很小，而通过改变内心获得快乐的空间却非常宽广，甚至就没有边际。因此，走提升心灵的路子其实更合理、也更可行。

关于第二个问题：以自我为重者的想法是：我要快乐，当然要以自我为中心。但实际上往往适得其反：越自我的人越不快乐，因为越自我越容易受伤，而且越讨人厌恶；况且，如果大家都专谋己私，罔顾他人，那么社会将充满纷争，哪里有幸福可言？

相反地，以他人为重则心怀坦荡、不忧不惧，人与人互助共存，普天之下太平无争。这正是要以他人为重的理由。

儒学与各家各派一样，也是因应人类离苦得乐的需求而出现。那么儒家在这两个问题上的观点又如何呢？

儒家倡导“自天子以至于庶人”皆以“修身为本”，“克己复礼”以行仁义。很显然，儒家是以修心为主，以他人为重。这是因为：修身在于修心，修心势必格物；行仁在于立人，立人势必格私。

进而言之，修身的目标正是要成就仁德，所以格物修心与格私行仁并非异辙。这样的走法不仅仅是出于道义，也更是出于理智——因为儒者认为，唯此才是离苦得乐的康庄大道。

儒典浩瀚，义理纷呈，其主旨也无外于此。

第二篇

总纲概述

导　语

儒学体系由总纲与细目所构成。在学习时一定要先把握其总纲，然后再深入其细目，回过头来又能加深对总纲的理解。

本书对儒学体系的表述有两种——仁德体系与明德体系。前者侧重在仁，后者侧重在智；虽然侧重有别，但是是一体两面。

本篇的“第三章仁德三纲”和“第四章明德三纲”，将分别阐述仁德体系与明德体系的总纲，其细目将在后面的篇章中次第介绍。

“第五章相辅而行”，则指出“仁”与“智”缺一不可的道理。

第三章 仁德三纲

儒家表述道德的概念及其组合方式有很多，例如：“仁、义、礼、智、信”，“温、良、恭、俭、让”，“恭、宽、信、敏、惠”，“刚、毅、木、讷”、“恭、慎、勇、直”，“智、仁、勇”，“孝、悌、慈”，还有“忠、恕、敬、诚、明、和”等等。本书把“以仁为体、以孝为本、以礼为用”称作仁德三纲。其他概念或与三纲同义，或从属于三纲而做其子目。本书称这个纲目体系为仁德体系。

本章主要论述仁德三纲。三纲的中心在仁，孝是仁的根基，与仁实为一体，言仁就包括了孝。但为了显示孝的这一特殊地位，又提出以孝为本。礼则是二者之用。以下分别述之。

第一节 以仁为体

一、何谓仁

樊迟问孔子什么是仁，子曰：“爱人。”（《论语·颜渊》）孟子亦道：“仁者爱人。”（《孟子·离娄下》）此对人之爱，系指无私之真爱。出于私欲之爱并非真爱，因为一旦私欲不获便嫌弃不爱，甚至一夜之间就能反目成仇。又爱人者对他人苦乐必能推己而知，且不忍坐视不管，所以爱人者一定利人。如孔子道："夫仁者，己欲立而立人，己欲达而达人。"（《论语·雍也》）此纯然的爱人、利人之心即可谓仁。

孔子另有多处谈到仁，如"克己复礼为仁"，"出门如见大宾，使民如承大祭，己所不欲，勿施于人"，"仁者，其言也讱"（《论语·颜渊》）等等。这些是从做法上反显仁心本体，与上述内涵并无二致。

贤者以下虽亦行仁，但犹有未达之处，唯有圣者之仁如天覆地载，最为圆满。

二、儒者以仁为体

中国传统哲学素有"体用"之说：体是本体，用是作用；由体起用，由用显体。若就人而言，意识为体，言行为用；若就意识而言，动机为体，思考为用；若更就动机而言，则总体追求为体，个别追求为用。通过这层层追溯可见，人生的总体追求——其实也就是志向，是人的体中之体。

为什么说儒家以仁为体呢？因为初阶习儒者称士，曾子曰："士不可以不弘毅，任重而道远。仁以为己任，不亦重乎？死而后已，不亦远乎？"（《论语·泰伯》）可见儒者从入道开始就要以身载仁，终其一生都要求仁，故说儒家以仁为体是理所当然的。

孔子尝说："道二，仁与不仁而已矣！"（《孟子·离娄上》）所以严格来说，当下这一念或在仁，或在不仁，并无中间地带可言。好独善者虽非恶人，但也算不上仁人，因为并非出于利他。好助人者即便鲁莽，也算有仁之一分，因为是出于利人之意。总之，仁多则近于圣贤，不仁多则远离圣贤；求为圣贤者，唯在于攻其私、增其仁而已。

第二节　以孝为本

有子曰："孝悌也者，其为仁之本与。"（《论语·学而》）孔子尝道："夫孝，德之本也，教之所由生也。"（《孝经》）显然孝是仁德之本，悌是对孝的延伸，言孝则兼及乎悌。

以孝为本有两个意思：一是说孝悌是仁德的根本，二是说它是学仁的基础。言根本，是强调它如同树根，能生枝叶；言基础，是强调它是最初次第，必须先行做实。又从求学历程来看，学习离不开师友；欲做到善事师友，必将孝悌精神从父兄移至师友方可，否则难以受益。这又是以孝为本的另一重要理由（将在第六章详述）。

第三节　以礼为用

礼是言行的法度。礼节虽由人制，但它所依据的却是事物本来的规律，如"礼也者，理也。"（《礼记·仲尼燕居》）此理乃指天理。朱子则云："所以礼谓之'天理之节文'者，盖天下皆有当然之理。今复礼，便是天理。但此理无形无影，故作此礼文，画出一个天理与人看，教有规矩可以凭据，故谓之'天理之节文'。"（《朱子语类·<论语>二十四》）又如《左传·昭公二十五年》道："夫礼，天之经也，地之义也，民之行也。"从一己之慎独开始，上至齐家、治国、平天下，无不是礼适用的领域。乐则是发乎性情而对礼的延伸，是对礼更直觉的表达。真正理解了礼也就理解了乐，所以重点还是在礼。长养仁德需遵礼，仁德外显则中礼，治世安民要用礼。以下从这三方面论述礼之为用。

一、学人自修

"克己复礼为仁。"（《论语·颜渊》）克己复礼是学者从不仁达成仁的方法。克己就是要克服唯求自利的思想和习惯，也就是要克服不仁而长养仁。克己之法表现在：凡是遇到问题都从改善自我找答案，这是儒家的一贯原则。"君子求诸己"（《论语·卫灵公》）、"修己以安人"（《论语·宪问》），"行有不得者皆反求诸己"（《孟子·离娄上》）等，无一不是在强调这个原则。

克己虽然是在心地上用功，但也需要依照一定的标准或者轨则。然而，心无形相，不好衡量和表达，于是就用外在的"礼"做标准，间接地对内在的心进行规范，所以"克己"必须"复礼"。若不知以礼裁度，纵然有心效仿君子之德，如恭、慎、勇、直等，也难免有过犹不及之弊。如子

曰：“恭而无礼则劳，慎而无礼则思，勇而无礼则乱，直而无礼则绞。”（《论语·泰伯》）

礼遍及言行，如“非礼勿视，非礼勿听，非礼勿言，非礼勿动”（《论语·颜渊》），而且礼的规范作用是双向的：当为则为是对，当为而止是错；不当为则止是对，不当为而为是错。这“四勿”同时也反显了“四应”——合礼的就应该做。又广如“见义不为，无勇也。”（《论语·为政》）“有德者必有言。”“仁者必有勇。”（《论语·宪问》）“事君数，斯辱矣；朋友数，斯疏矣。”（《论语·公冶长》）乃至如“席不正，不坐。”（《论语·乡党》）等等，都应照此理解。

遵礼落实在格私，如果礼法执持于外，私欲潜行于内，就失去执礼的意义。如子曰：“人而不仁如礼何？人而不仁如乐何？”（《论语·八佾》）

有仁必有敬，不敬则不仁，故执礼必由内而敬。如《孝经》云：“礼者，敬而已矣。”没有敬意的礼，则徒具形式。

礼目有哪些呢？就条规而论，《中庸》称“礼仪三百，威仪三千”；古有《周礼》《仪礼》和《礼记》等“三礼”，涵括“君臣上下、父子兄弟、宦学事师、班朝治军、莅官行法、祷祠祭祀、婚姻丧葬”云云，后有《弟子规》《常礼举要》等等，以及当今的各种道德规范。更广义地去看，经典中圣贤们的嘉言懿行，也无不在指示彼时彼地的礼容。故礼目应景而立，细节又何其繁多。繁多之下，礼似乎又学不胜学。但如果把握住执礼以敬、汇礼归仁的一贯精神，则能化繁为简，以不变应万变。

二、圣人行迹

圣人克己复礼达到圆满，不仁之心彻底泯绝，起心动念全体是仁，故能够“从心所欲不逾矩”（《论语·为政》）、“发而皆中节”（《中庸》），他们在各种情景下的“视、听、言、动”无不中礼，也无不是礼，礼是其仁心的自然流露和随缘妙用。这与学人以礼为准，来克修仁德是不同的。

三、施化治世

孔子认为要使国泰民安，最好的方法莫过于礼制，礼制的实质就是教人正已修德。法制虽能治标，却不能治本，礼制则标本兼治。如孔子说:“道之以政,齐之以刑,民免而无耻；道之以德,齐之以礼,有耻且格。”（《论语·为政》）又说：“能以礼让为国乎，何有？”（《论语·里仁》）以礼让治国，何难之有？孔子还道：“周监于二代，郁郁乎文哉！吾从周。”（《论语·八佾》）礼始自夏、商而文盛于周，故自己要遵奉周礼。由此亦可见，礼制是圣人治国平天下的一贯之法。

需要指出的是，礼制不是说制定一套纲常让人就范，因为那样不知不觉又回到法制的思路上，只是将法律条文换成道德条文而已。这样不仅不会有好效果，甚至会招人反感。礼制真正的内涵是“道之以德、齐之以礼”。“道”是“率先引导”的意思，“道之以德”要求施治者自己必先躬行实践、于道有得，这样才能感化万民，率从礼法也。

以礼治世不可走向生硬和僵化，那样势必产生流弊。所以强调“礼之用，和为贵，先王之道斯为美。”（《论语·学而》）礼用对了就会产生“和”——使万民和乐、万事和顺，家国天下和谐永续，这样才堪称为美。其中的关键仍在于以礼载仁，在运用上无过无不及，守住中庸之道。

要制礼需要一定的条件，如《中庸》所谓：“虽有其位，苟无其德，不敢作礼乐焉；虽有其德，苟无其位，亦不敢作礼乐焉。”朱子释道：“言作礼乐者，必圣人在天子之位”（《中庸章句》）这是因为无德则不识根本，无位则无人尊奉，二者缺一则礼制不立。制礼须德位兼备，推行礼制亦复如是。不过即便有内圣外王者出世，要使仁义深入民心，尤需积年累世之功。如子曰：“如有王者，必世而后仁。”（《论语·子路》）毕竟改变民风是不可能速效的。

春秋末年礼崩乐坏，孔子一心想复兴周礼。但他有德无位，故曾叹曰：“苟有用我者，期月而已可也，三年有成。”（《论语·子路》）孔子此话绝非虚言。史载孔子曾任鲁国的中都宰，治理中都一年便使四方则之；任大司寇三年使鲁国大治，感得国人作歌颂之。这不仅显示了孔子的德能，也证明了礼制的功效。现代社会虽然必须强调法治，但是“以礼治国、以德治国”从来就没有失去它的重要价值。

第四章 明德三纲

《大学》的“三纲领”和“八条目”是诠释儒学的另一体系，本书称之为明德体系。三纲领就是“明明德、亲民、止于至善”。为与仁德三纲对应，本书又名之为明德三纲。八目就是“格物、致知、诚意、正心、修身、齐家、治国、平天下”。这个体系结构清晰、次第井然，尤其适合初机学习。本章主要阐述这三个纲领。

第一节 明其明德

朱熹在《大学章句》中解道：“明德者，人之所得乎天，而虚灵不昧，以具众理而应万事者也。”明德乃是人人本具之灵明心性，能够照见万事万物。然而，这个明德“但为气禀所拘，人欲所蔽，则有时而昏；然其本体之明，则有未尝息者。故学者当因其所发而遂明之，以复其初也。”常人的明德被私欲蒙蔽，故存而不彰，有而无用，人因此时常昏昧苦恼。若要明德显发，需下一番“明”其明德的功夫方可。这正如古镜蒙尘，不能映物；若勤加拂拭，则能使宝镜重光，照天照地。简而言之：明德就是大智慧，虽人人具备，但有待启发；明明德就是这个启发的过程。

“明明德”这一纲，对应“格物、致知、诚意、正心、修身”这五个子目。

第二节　亲民日新

亲民之“亲”同新，朱子道：“新者，革其旧之谓也；言既自明其明德，又当推以及人，使之亦有以去其旧染之污也。”（《大学章句》）意为用自己“明明德”的成功经验，去帮助他人也“明明德”，以期与天下人民，同能“日日新、又日新”，而新新不已。这充分说明，大学之道具有智慧的特质。

另外，明明德即是立己，亲民即是立人。要立人须先立己，不能立己焉能立人。先立己再立人——这是大学之道的又一次第。

此外，正如教学相长一般，“立己与立人”、“自利与利他”本来就是分不开的。

《大学》于此又说：“君子无所不用其极。”君子自新、新民不遗余力，有一种无限担当的精神。

“亲民”一纲，对应“齐家、治国、平天下”这三个子目。而不经历这三目，“明明德”也无法精纯圆满。

第三节　止于至善

将明明德与亲民二事做到极致——己德无一毫不明，生民无一人不亲，无须再加刻意，自自然然如出天性，安住其上永不动摇，即所谓止于至善。这时就达到圣人境界，是儒家的最高理想。

止于至善是就圣人内证而言，并非就其事功而言。若论事功，则犹有未尽。因为芸芸众生苦恼无边，故劳圣人游化不息，诲人不倦。故止于至善，不是止歇不为，而恰恰是要为善不止，永无停息。

第五章　相辅而行

第一节　体同相殊

仁德体系的主轴在于缩小自我、扩大爱心，当泯私忘我、爱无疆界时，就进入圣人的境界。礼则规定了行仁的轨范，令学人有迹可循、有据可凭。

明德体系的主轴在于开显智慧——用智慧发现并消除苦因，从而获得究竟的快乐。明明德是要开启自己的智慧，亲民则是要启发他人的智慧；自己的智慧也要通过亲民才能开发圆满，八目则是其次第。

“横看成岭侧成峰”，对于圣贤之道也是“仁者见仁、智者见智”，道本来就有这两种特质。然而，相异体不异，在圣人胸中，仁德与智慧已融为一味。

第二节　仁智不离

学道应仁智双修。学人禀赋资质各异，有的偏好仁德，有的偏好明德（智慧）；既然要看齐圣贤的完德，就不要有所偏废。况且，此二德如鸟之双翼，缺翅鸟怎能飞翔？再者，它们必须相辅而修，因为任缺一者的支持，另一者就无以长进。

明德离不开仁德，例如：不以孝悌为基，怎能尊师重教而启发明德？不以仁为己任，又怎能有心力去穷理尽性以明明德？没有仁心，又怎能有亲民的意愿？仁心匪坚，又怎能遇难不退而止于至善？不节之以礼，又怎知明德亲民的轨范？

而仁德也离不开明德，例如："好仁不好学，其蔽也愚。"（《论语·阳货》）一味"好心"却不明理，为愚所蔽者怎能帮上别人？未明明德，慧力不及者，怎知私欲之害而肯克己复礼？又怎知利人即是利己而乐意利人？又怎能把握无过无不及的分寸而用礼之和？又格物等八目正是格私修仁的次第，离开它们又怎能增广仁德？

又无论禀性有无偏向，皆应将二者相辅而修。因为如此一来，原本均衡者正好保持全面；有所偏向者，也能不没其长而补其所短；各类根机都能兼修仁智而终归完德矣！

再者，两个体系虽然都各自诠释了整个道体，但对于某些重要义理，在一者中予以显说，在另一者中却隐而未发或言之不详。故将其合参互用，不仅有益而且大有必要。

第三篇

君子务本

导 语

总纲落实于细目。从本篇开始，将按照学习次第，依序论述各个德目。

《大学》八目次第井然，为古今所共同尊奉，无疑是主要德目。

然而，若仅举八目，易使人忘记——八目本是为“欲明明德于天下”者而设。于是，就忽略了在进修八目之前，必先立志这一首要修为。

又《论语》《孝经》都强调以孝悌为本，虽然八目之“齐家”一目也述及孝悌，但位置偏后且侧重在与治国、平天下相接，这不利于突显其基础性地位。所以，应将孝悌之义置前表达。

另外，“为成圣贤而行孝”与“为孝而孝”二者格局殊异，而“以孝为本”旨在前者。因此，立志应先于孝悌。

再有，无论是立志还是孝悌，都需要有人教导。所以，在学习立志和孝悌之前，应先亲仁——亲近有仁德者问学。

出于以上几点考虑，故在八目之前再设三章——“第六章亲仁为要”、“第七章立志于学”和“第八章孝为德本”，以分别论述从师、立志以及孝悌这三个次第。

鉴于这些德目均属于进学基础，故将其集于本篇，名之为“君子务本”。

第六章　亲仁为要

亲仁就是亲近有仁德者，为的是从其问学。有德者是道的载体，是传道的活水源头。亲近有德者是得道的前提，而且就像穿珠之线一样贯穿着为学的全过程。故亲仁是要中之要，应自始至终摆在重要的位置。

第一节　学必有师

《师说》里有句名言："古之学者必有师。"诚哉斯言！《论语》从第一句"学而时习之"开始，就点出了"为道在学"的特征；而为学一定要跟着老师学，所以，等于也点出了为道不可无师。又如"泛爱众、而亲仁。""就有道而正焉。"（《论语·学而》）"博学而笃志，切问而近思。"（《论语·子张》）《中庸》里的"博学、审问"等，都指出必须从师问学。

古来的儒门大德，没有不重视亲师问道的。孔子学无常师，且能集其众德，他本人就是亲仁的典范。整篇《论语》也正描绘了一幅弟子追随老师求学的生动画卷。后世的儒学巨匠如朱熹、王阳明等也都莫不尊师重道。

为什么学仁必须亲仁呢？理由是：即便是要学好那些能

亲眼看见的技艺，如木工、书法等等，若无人教尚且不得要领，何况是要走一条陌生而隐微的修心之路，又怎能不靠人指导？正如想学好中医，非得靠师带徒不可。

习惯于自己用功的人，不免长期封闭在一己的视野和习性中，不仅进步迟缓，而且路径迂曲，有些瓶颈甚至终生难透。所以，一定要走出去寻师访友，这是一条最直、最宽，也是最快的路。

有人觉得可以自己钻研经典，以经典为师。的确，钻研经典不可或缺，而且开卷有益。然而，经典都是心法的写照，能依文解义离认得心法还差一大截，若将解义当作功夫本身则是执指为月。自学经典却不依师承最可能的结果是：一方面觉得经典好得很，一方面却在生活中用不上，理与事常常脱节。所以，学习经典仍要靠明师引导才能知其所指，知其所指才能入心，入心才能派上用场。又即使有了心得，还要请老师印证——看看正确与否，有没有可以再深入的地方。

随举一例。一次子贡向孔子报告说："贫而无谄，富而无骄。何如？"（《论语·学而》）大概子贡觉得他这个心得还颇有是处，故稍嫌得意。孔子却答："可也。未若贫而乐，富而好礼者也。"孔子虽未置否，但指出了更高的境界。可赞的是，子贡不仅欣然接受了老师的提点，更从这当下的情境中悟到了《诗经》中一句话的所指，而向孔子求证道："诗云：'如切如磋，如琢如磨。'其斯之谓与？"孔子对此颇为嘉许，遂曰："赐也，始可与言诗已矣。告诸往而知来者。” 子贡能会得此理就可以跟他讲《诗》了。从这里不难看出，无论是对自心的把握，还是对经典的领悟，每一步都离不开老师手把手地印证和指导。即使像子贡那样才高质美的人尚且如此，何况是其他人呢？

另外，常常亲仁的学者，会耳濡目染于师长的言教和身教，他的进步要比那些好独自用功者快很多，也容易很多。例如：在《论语·乡党》里，描述了许多孔子在朝上朝下、雍容进止的礼容。细品之下自有一种被感动的力量。读之尚且如此，何况能常常随侍。孟子曾论此理曰：“圣人，百世之师也，伯夷、柳下惠是也。故闻伯夷之风者，顽夫廉，懦夫有立志；闻柳下惠之风者，薄夫敦，鄙夫宽。奋乎百世之上，百世之下闻者莫不兴起也。非圣人而能若是乎？而况于亲炙之者乎？”（《孟子·尽心下》）

虽然去圣时遥，为师者难以尽善尽美。然而既堪为师表，必有其过人之处，若能随从熏陶也必然受益。

第二节　从师要则

《礼记·学记》云：“善学者，师逸而功倍，又从而庸之；不善学者，师勤而功半，又从而怨之。”可见从师有道，得失宛然，学人绝不可轻忽。

一、慎重择师

择师如择医，医不明不能治病，师不明则不能长善救失。所以要亲仁，就要亲近那些确有德能，而且胜过自己的贤人。古之所谓德能，不外乎“仁、智、勇”以及“六艺、四科”等等。若用今天的话来说，堪为师范者应志向崇高、学养渊博、德行深厚、诲人不倦云云。那些只会照本宣科，内无实德者不堪为师。如云：“记问之学，不足以为人师。”（《礼记·学记》）

然而，时下能完具各种美德的人着实稀有；只要在某些方面超过自己，就值得敬之为师了。

二、当好学生

有了好老师，还要有好学生，唯有师资道合，教学才能成功。所以学生对待老师也应遵循一定的轨范。否则，德行不仅不会增长，反而会亏损。如同违规用电，恐将不得其益，反受其害。以下分三方面论述这些轨范。需要先说明的是：这些轨范都是针对确立师弟关系者而言的，若还处于一般讨教关系，则不必如此严格。

1. 敬学不厌

尊师重道是善学的根本。《礼记·学记》曰：“师严，然后道尊；道尊，然后民知敬学。”敬与不敬之间，并无中间地带。如王阳明道：“苟无尊崇笃信之心，则必有轻忽慢易之意。”（《示弟立志说》）有敬则有成，无敬则无成，学人最应着意。

孔子和颜回是我们敬学的典范。颜回是孔子最好学的学生，孔子评价他道：“于吾言无所不说。”（《论语·先进》）颜回听孔子教诫从未有不悦之情。又道：“吾与回言终日，不违如愚；退而省其私，亦足以发。回也不愚。”（《论语·为政》）颜回整天听孔子讲学，看不出他有任何违背，也没有提出任何疑问，就像既听不懂、也问不出问题的愚笨者一样。但是，观察颜回在课后独处的表现，却见他能把听来的道理都一一实践出来，他哪里是愚笨者啊！其实是因为颜回悟性既高，又谦虚好学，故能心领神会，自无疑问。颜回对于孔子的话无不神契心融、欣然领受，达到如瓶注瓶的最高境界。

再看孔子为学，他形容自己是“默而识之，学而不厌。”（《论语·述而》）也是处于高度吸收的状态。古德问学之法从无二致。

从这两例不妨总结出敬学的一些要点：

（1）不违如愚。重点在不违，这跟孔子论孝时所讲的“无违”内涵一样，只是把对象由父母换成了老师。不违的意思是指，在老师面前把自己放得很低，内心毫无违逆，对老师本人和老师所讲的道理满怀信心和敬意。要具备这种心态，就要始终摆正位置——不要忘了“是谁在跟谁学。”

（2）默而识之。一边聆听教诲，一边返照思维，外显寂静而内心灵动，所闻诸义直达内心，成为自己的观念。这与“旁观者”、“评论者”的心态完全不同。

如果有疑惑，当然可以提问以求其确义，但心态上是求教而非挑战或责难。为师者的学养或有不及，其言行也难免偶有失当。但这无妨大局，学人只要自行取舍即是，对老师仍应保持敬意。

王阳明有一段很精要的话，与这两点意义相合："夫所谓正诸先觉者，既以其人为先觉而师之矣，则当专心致志，惟先觉之为听。言有不合，不得弃置，必从而思之；思之不得，又从而辨之，务求了释，不敢辄生疑惑。"（《示弟立志说》）非过来人不出此语。

（3）学而不厌。对大道有无限渴求，故不会得少为足，浅尝辄止。

做到这三点则明明德不难。但是一般人不是完全做不到，而是做不深，尤其是在第一点上就深不下去了，因为被"意、必、固、我"这四相卡住了。这四个概念出自"子绝四：毋意、毋必、毋固、毋我。"（《论语·子罕》）其中的"意"指好做臆断，"必"指专必不易，"固"是执非不化，"我"是自尊倨傲。最后的"我"相是根源，有之则损，无之则益。如王阳明道："古先圣人许多好处，也只是'无我'而已；'无我'自能谦，谦者众善之基，傲者众恶之魁。"（《传习录·黄以方录》）这四相在圣人身上已经绝迹，在贤位以下者不免有之，在常人身上则十分突出。四相但存，就会自我凭持并自我保护。当为师者对学人的毛病真要痛下钳锤——也正当学人可以进步之时，这四种心恰会使之逆反，轻则文过饰非，重则对师嫌恨，不仅学不到东西，而且会犯下过失。

初学者要突破这个难关，一方面要勤观师德师恩，以加深信心和敬意；另一方面要多看自己的不足，以增长求教之心。这两种心态一强，“意、必、固、我”虽非根除，但也无力为障了。

2. 思德念恩

要观察师长美德，也无外乎从前述那些择师的角度，且应随着学问的提升，越看越深、越看越广。念师恩主要是念师长的教化之恩，即所谓传道、授业、解惑者也，对此也应愈体愈切。从这两方面长期用功，自然会对师长产生深厚的敬信之情。

古人感念师德师恩的功夫都绝非一般。如孔子推崇周礼，他最仰慕的就是周公。虽然周公早孔子五百年，但孔子却能常常梦到他，足见孔子对周公的思念之深。而从第一章所引的子贡等评价孔子的言论亦可见——通常最优秀的弟子，他们对自己老师的崇敬也是最高的。孔子过世以后，众弟子依礼守丧三年，而子贡竟连守六年，非师弟情深者不能如此！

要常念师德师恩，就意味着不去挑师长的毛病，要尽量朝好的方面看，这样才能保持并增长对师长的恭敬。如果看到师长有错该怎么办呢？首先应当想到，我的观察不一定正确。因为我私欲未净、明德未彰，以这样的心去观察事物难免有各种差错。就像用哈哈镜照物、用橡皮筋度量，其结果是靠不住的。在智浅德薄者眼里，优点也会被视为缺点，美德也会被视为过失。比如孔子“事君尽礼”，却“人以为谄也。”（《论语·八佾》）又如，老师对弟子当头棒喝，是出于婆心太切而不得不此，或有弟子觉得老师是在借机泄愤等等。

有时师长调教弟子，故意表现出“过错”。如《论语·阳货》中有一段故事：“孺悲欲见孔子，孔子辞以疾，将命者出户，取瑟而歌，使之闻之。”如果弟子不够智慧，就会抱怨孔子言有不实，或者嫌弃自己。而具慧者就会领悟到，这其实是孔子在令我痛省其非。孟子亦云：“教亦多术矣，予不屑之教诲也者，是亦教诲之而已矣。”（《孟子·告子下》）如果学人都能从“老师这是在教我什么”的角度去体悟，则无论师长如何，自己总能受益。

即便师长真有过失，也要想想什么是他人格的主流。一位真正有德的师长，即便略有不圆满处，也一定是白璧微瑕；弟子当观其大德、不计小嫌。如子夏曰：“大德不逾闲，小德出入可也。”（《论语·子张》）不过此言用以观人则可，用于律己则不可。

见到师长的过失，千万不要耿耿于怀，要“视而不见、听而不闻”。如果硬要抱着不放，那就反问自己：我是来学习师长的长处的，还是来挑毛病的？我是来当学生的，还是来当裁判乃至当老师的？自己的角色有没有错位？自己的初衷有没有忘记？进一步想，老师有缺点那是他自己的问题，我只要学他的长处，何必在意他的短处。举个比喻：琴师的优长在于琴技，跟他学主要是学他的琴技，何必在意他数学很差呢？因为他数学不好，就不跟他学琴了吗？怎样才是真正对自己好呢？

在常态中，学人一旦对为师者的个别缺点太在意，即使老师还有众多优点，对他的敬意也会滑落。没有敬意就学不到东西，吃亏的毕竟还是自己。反之，纵使为师者缺点多、优点少，若能够执取他的那些优点，却仍然可以保持敬意而学有所获。得失婉然、智愚立判，故善学者应对师长但观功德、毋观过失！事实上，当我们肯定自身某个优点时，就会像月出星熄一样，见不到自己的诸多缺点而感觉良好。将这一用心方式移用于师长则无有不成功者。

孔子一生学无常师，总集大成而臻于至圣，他的成就其实超过了他的任何一位老师。由此可以反证，那些老师也都各有其不足之处。孔子能不嫌其短，而一一学其所长，不正是从师的最佳典范吗？

当然，要学人不观师过，这并不意味着为人师者可以不听劝谏。为师者更要教学相长，以求寡过进德，这样才能为学人做出表率。唯师弟各尽其分就是了。

3. 敬奉承事

具备了前面的心理基础，学人就一定会用孝顺父母的精神，去承事自己的师长，所作所为尽量称顺师心，避免令师不悦。

为师者最高兴的就是弟子能听从教导，学有所成。所以，除了个人志向的力量以外，想令师欢喜——就成为推动学人进道的另一动力来源，这个力量有时甚至会超过前者。特别是当学习遇到很大困难时，若就个人追求而言，或已打算放弃，可是为了不让老师失望和难过，就能坚勇不退而战胜困难。

令师欢悦当以奉行老师的教诲为主。除此以外，在生活中能主动承事师长，对于师长的需求和心愿能代劳承办，做到“有事，弟子服其劳。”（《论语·为政》）以及用适当的方式表达对师恩的感激，这些都是作弟子的本分。当然，为师者应以教书育人为本分，不应贪求弟子的恭敬承事。

如果师长要自己做不合理的事，也听命照办吗？当然不是。遇到这样的情形，不但应婉辞不从，甚至还可以凭赤子之心进行劝谏。这与《孝经》中“故当不义则争之。从父之令，又焉得为孝乎？”的道理是一样的。但在表达时，态度要真诚、方式要委婉、方法要善巧，对于由此而令师不喜之处要表达歉意，总之不应产生对立。亦如王阳明说：“谏师之道，直不至于犯，而婉不至于隐耳。”（《教条示龙场诸生》）

第三节　益友为伴

亲近良师固然重要，以益友为伴也不可或缺。理由有三：其一，老师讲过的道理，一定要经过与同道切磋才能深入；其二、“独学而无友，则孤陋而寡闻”（《礼记·学记》）；其三、初学者必须依靠环境的熏陶，来养护自己的道心。

关于交友，孔子有不少叮嘱。例如“里仁为美。择不处仁，焉得知！”（《论语·里仁》）“友直，友谅，友多闻，益矣。”“乐多贤友，益矣。”（《论语·季氏》）“事其大夫之贤者，友其士之仁者。”（《论语·卫灵公》）还有曾子曰：“君子以文会友，以友辅仁。”（《论语·颜渊》）古人都很强调与益友为伴的重要性。

与友相处，当如子曰：“朋友切切偲偲。”（《论语·子路》）切切指情意恳切、竭诚想与，偲偲指告诫详勉、尽言相正。前者出于恩情，后者合于道义。恩义兼备，才是于道友间行悌的芳规。

修道即是寡过，诤友能帮助自己免过或者改过，故直言不讳的诤友尤为可贵。如《孝经》云：“士有诤友，则身不离于令名。”然而诤友直谏，忠言难免逆耳。此时应能谦虚容受，有则改之，无则加勉，切不可对诤友敌视。子曰：“丘也幸，苟有过，人必知之。”（《论语·述而》）子路则“人告之以有过则喜。”（《孟子·公孙丑上》）王阳明道：“凡攻我之失者，皆我师也。”（《教条示龙场诸生》）古人懿德，足为吾人效法。

珍惜诤友是对己而言的，对人则不应以善绳人，使之徒恼无益。然而，不应以善绳人，不等于不应责善（以善相劝），否则也于自道有亏。何为责善？阳明先生道：“责善，朋友之道，然须忠告而善道之。悉其忠爱，致其婉曲，使彼闻之而可从，绎之而可改，有所感而无所怒，乃为善耳。若先暴白其过恶，痛毁极底，使无所容，彼将发其愧耻愤恨之心，虽欲降以相从，而势有所不能，是激之而使为恶矣。故凡讦人之短，攻发人之阴私，以沽直者，皆不可以言责善。”（《教条示龙场诸生》）此语实如何劝友之良谟也。

亲近益友，就要远离损友。何谓损友？“友便辟，友善柔，友便佞，损矣。”（《论语·季氏》）便辟，指惯于走邪道；善柔，指善于当面恭维、背后毁谤；便佞，指惯于用花言巧语、欺蒙谄媚。损友的本质是惯走邪道，损人利己，与大学之道背道而驰。损友的可怕还在于他们善于投其所好，如魏晋傅玄道：“佞人善养人私欲也，故多私欲者悦之。”（《傅子·矫违》）若与之交往厮混，会在不知不觉中走上歧途。是故志于道者，不可不戒慎警惕。

一个人周围是益友还是损友，是由他自己的好恶所招感的。如《弟子规》总结道：“闻过怒，闻誉乐，损友来，益友却；闻誉恐，闻过欣，直谅士，渐相亲。”所以与何人为伍，实取决于自己。

第四节　择善从之

亲仁乃修学之根本，学子当不惮辛劳，如病者求医一般，去访求有学有修的明师。若有幸值遇，应拿出程门立雪的精神去亲近，并长相追随。

然而，如《弟子规》所说：“流俗众、仁者希”，明师稀贵难逢。若一时不遇，怨天尤人或消极等待都于事无补，而应从当下开始用功，不论人之亲疏、长幼、名望、术业等之差别，但凡他有一分德能过我，就可以在这一分上以他为师，乃至与任何人相处都设法学到东西，一如孔子名训："三人行，必有我师焉；择其善者而从之，其不善者而改之。"（《论语·述而》）又当如颜子"以能问于不能，以多问于寡，有若无，实若虚，犯而不校。"（《论语·泰伯》）又当如阳明先生曰："朋友相处，常见自家不是，方能点化得人之不是。善者固吾师，不善者亦吾师。且如见人多言，吾便自省亦多言否？见人好高，吾自省亦好高否？此便是相观而善，处处得益。"（《传习录拾遗》）

从身边人学起，正可以锻炼我们勤学善学的能力，为以后的深造打下基础。试想：如果在德行相对见长的人身上都能见功不见过，常常学到东西，日后一旦亲近到大德明师，岂不更能学到东西？反之，如果不从当下练起，任由观过之习现行滋长，即使一朝有幸跟在明师身旁，也许最初尚能勉为恭敬，但不久就会原形毕露，动辄见过不见功，恭敬心很快就没有了，将如子曰："不仁者，不可以久处约。"（《论语·里仁》）没有恭敬是很难学到东西的。

学人想找到好老师，其实好老师也想找到好学生。只要我们在当下努力，从身边人学起，把弟子所应具备的信敬恭顺、好学善学的品性渐渐养成，保持着亲仁的炽烈追求，就必然能值遇越来越厚德的师友。所谓"德不孤、必有邻。"（《论语·里仁》）是一定的道理。

"古之圣人，其出人也远矣，犹且从师而问焉；今之众人，其下圣人也亦远矣，而耻学于师。是故圣益圣、愚益愚。圣人之所以为圣，愚人之所以为愚，其皆出于此乎？”（《师说》）实千古不易之语，闻者幸着意焉。

第七章　立志于学

人各有所求，志向就是人生的最高追求。志向决定着人生高度，是前行的动力之源。人既要有志，还要择志，志向对步步都对，志向错下脚就错。又则，人凡行事都有动机，而志向决定动机，动机决定善恶，善恶决定苦乐，故志向决定命运。足见志向为人生统领，故亲仁之后，首先要学的就是正确立志。

第一节　道始于志

儒者之志在于成为大人，为此要学大人之学、行大人之道，而大人即指圣贤。所谓志于学、志于道与志成圣贤，其实质无别。因为学道是因，成圣贤是果；志在圣贤必志于学，志于学必志在圣贤。

有志如有使命，其使命被北宋大儒张载一语赅括："为天地立心，为生民立命，为往圣继绝学，为万世开太平。"这著名的"横渠四为"实同誓言，闻之荡气回肠。

为学以立志为先，这是儒家的基本教敕，也是古圣贤共同的仪范。如《大学》在篇首提出三纲之后即说"知止而后有定"，意为：既了知有如此三纲达道，就应该知止——知道到要止于至善，从而以“止于至善”为志而心有定向——锁定终极目标，不再犹疑蹉跎。接着又云：“古之欲明明德于天下者，先治其国……”表示八目本为胸怀天下者而设，学八目而无其志者，并非所宜。孔子自述生平大纲，也是从“吾十有五而志于学”开始。朱子亦道：“学者须以立志为本。”（《朱子语类·朱子十五》）又如王阳明道：“志不立，天下无可成之事。虽百工技艺，未有不本于志者。”（《教条示龙场诸生》）超凡入圣比百工技艺要高难百倍，又怎能不奋志以求？

古者教人以立志为先，其旨甚明。若能详思其理将更加决定，为此再略述三点：

一、大人出于大志

同样长成于地，是草是树取决于种子；从草种长出来的一定是草，从树种长出来的一定是树。同样活在世间，是凡是圣取决于志向；小人之志使人成为小人，大人之志使人成为大人。草种再如何栽培，都不会长成大树，成大树必从树种。同理，成大人必从大志。否则，即使谦恭自牧、忠信厚朴，也只成好人，不成大人。如王阳明道：“夫学，莫先于立志。志之不立，犹不种其根而徒事培拥灌溉，劳苦无成矣！”（《示弟立志说》）

二、有志不迷方向

人之有志就像船之有舵、马之有缰，能时刻校正方向，使人背恶向善。即便偶有差池，亦能及时省察纠正。如子曰："苟志于仁矣，无恶也。"（《论语・里仁》）无恶不一定无过，有过不改才真是过，如子曰："过而不改，是谓过矣。"（《论语・卫灵公》）

又若胸怀大志，就不会动辄被小利益引入歧途，如孟子云："先立乎其大者，则其小者弗能夺也。"（《孟子・告子上》）若胸无大志，必随波逐流，终将一无所成。如王阳明道："志不立，如无舵之舟，无衔之马，飘荡奔逸，终亦何所底乎？"（《教条示龙场诸生》）

三、有志则有动力

如饿者求饱、寒者求暖一般，志向是内心真切的追求，是修道者的灵魂，是使人勇进不退的力量之源。阳明先生曾多方喻之："夫志，气之帅也，人之命也，木之根也，水之源也。源不浚则流息，根不植则木枯，命不续则人死，志不立则气昏。是以君子之学，无时无处而不以立志为事。"（《示弟立志说》）又虽然有志，但志力有坚有脆。如孔子在陈绝粮，依然"讲诵弦歌不衰"（《史记・孔子世家》），是志力坚固使然；一些弟子信心动摇，打算降格或逃遁，是志力脆弱使然。故欲毕竟功成，志力定须坚固。如子曰："三军可夺帅也，匹夫不可夺志也。"（《论语・子罕》）孟子曰："富贵不能淫，贫贱不能移，威武不能屈，此之谓大丈夫。"（《孟子・滕文公下》）学立志者当仰止于此，恒常修习。

第二节　明理笃志

虽闻立志为首，但各人反应不一。在圣人看来，既生而为人，立志是天经地义的事。如诗云："缗蛮黄鸟，止于丘隅。"子曰："于止，知其所止，可以人而不如鸟乎？"（《大学》）此处孔子借鸟警人，说道：连那些鸣叫的黄鸟，都知道该栖止在山丘里，而人作为万物之灵，就更应该知道要止于当止之处——止于至善。如果不求至善的话，难道人还不如鸟吗？古时天性弘毅、高洁远大者不乏其人，他们才闻大道便心心向往，使其立志并非太难。但愈向后来人心愈下，必待多方净涤和启发才能萌发大志。

闻道不学的主要原因，还在于对道未真正了解。不解则疑，疑则不信，不信则不好，不好则不肯学。所以要立志，还须先在真知上下功夫，由真知而深信，由深信而笃好，由笃好而志求。盲从盲信固不可取，而仅凭热情和好感也只能算是过渡，毕竟还是要靠多闻、多思，通过理性的方式来建立志向。要学的内容很广，其中有四个重点：

一、圣贤之德

从第一章"大成至圣"中，可以看到圣人崇德巍巍，照耀古今，为天下所尊；贤者虽逊，但也近于圣人。圣贤一出，则世道有则，弊革废兴，礼复序存，遂得以家齐、国治，天下平。故圣贤较之于常人，犹日月较之于萤火。既然

“人皆可以为尧舜”（《孟子·告子下》），凡有智识者，岂可甘居平庸，不立志以求？再者，天下兴亡，匹夫有责，若只想一家一己之安，对天下生民漠不关心，则不免太过自私和渺小。

二、圣贤之乐

圣贤的心境非常快乐。孔子说：“学而时习之，不亦乐乎。”（《论语·学而》）“发愤忘食，乐以忘忧，不知老之将至云尔。”孟子道：“反身而诚，乐莫大焉”（《孟子·尽心上》）这种喜乐从经过修炼的心中源源涌出，它迥超物外，不再受贵贱穷通的影响。孔子因此可以“饭疏食，饮水，曲肱而枕之，乐亦在其中矣。”（《论语·述而》）颜回因此可以“一箪食，一瓢饮，在陋巷，人不堪其忧，回也不改其乐。”（《论语·雍也》）可谓物质至为简朴，精神极度丰美。而经过修炼，心无时不能自主、无处不得自在，如“君子无入而不自得焉。”（《中庸》）此外，立身行道不仅可以拥有心灵喜乐，且由于德行感召，物质受用也将不期而至（第十七章对此有详述），不过君子视之如浮云罢了。

三、凡庸之苦

与圣贤相反，常人将快乐寄托于物质功利，于是不得不心为物役，乃至将身宠物，实无自在可言。又世事聚散无常、不可保信，患得患失是常人常态。算起来辛苦繁多，所得之乐不及一分。

四、大道可修

大道虽广，但修道不是一步登天，如上学按年级，修道则按次第。从浅近处下手，循序渐进，如此谁人不能。虽然初期稍难，但这是由于还不熟练，只要坚持一时，定然越修越容易，越修越有趣，越修越快乐。圣贤之乐就是这样一分一分获得的。

以要言之，求乐去苦是人之天性，若深知圣贤为美、趣之有方，则立志不难。再者，即使志求其上、得乎中下，也比碌碌无为超胜太多了。

第三节 精勤守志

太子堕地，贵压群臣。能立大志者，堪称人中之尊。然而，学人虽一时振奋发志，但或因积习深厚，或因俗流侵扰，难免飘摇不定，中途退心者也不乏其人。所以立志不易，守志更不易。为守志不退，需再复习上述要义以不忘初衷，另需在以下四方面着力：

一、不离师友以守志

靠近师友就能常谈圣贤之典，常闻劝志之言，常被策勉就不会迷失方向。而道友们都是以向仁为荣、背仁为耻，生活在这样的氛围中，自然唯道是从，流俗之念便无机可乘，守志也不会太难。尤其是：若亲仁之法得力，必感退则有负师恩，故不忍退，不进则难慰师心，故不忍不进。所以敬顺师长本身，就是一股强大的守志之力。

二、为全孝道以守志

儒家以“立身行道，扬名于后世，以显父母”为终极之孝，故欲全孝道、报答亲恩者，定应守志不退，否则将有亏于孝道。所以，从孝亲中也能汲取守志的力量。

三、事事检省以守志

不论大小事，做之前都要先看它合不合志向。凡属恶事、无义之事，就立刻停止；即使是善事义举，也不要忙着一头就扎进去，也要先想想它与成为圣贤有何关联，能长何种德行，能灭何种过失，能带给他人何种利益……想清楚之后再做，让志向之力贯穿做事的过程。事情做完了还要反省：在做的过程中，自己有没有违背志向之处。如果常常事前提醒、事后反思，立志就会成为一个习惯，习惯了就不容易退失。

四、学而时习以守志

学而时习则不亦说乎。体验到修道之乐，就会欲罢不能，其志将不守而固，其学将不策而勤矣！

第八章　孝为德本

既已立志成仁，当从基础开始学起。孝是仁德的基础，悌是孝的延伸，故孝悌并称德本。如子曰：“夫孝，德之本也，教之所由生也。”（《孝经》）有子曰：“君子务本，本立而道生。孝悌也者，其为仁之本与？”（《论语·学而》）孟子曰：“尧舜之道，孝悌而已矣。”（《孟子·告子下》）故知孝悌不仅是仁德之本，而且是整个圣贤之道的精髓。孝悌二者中以孝为先，故孝是本中之本。以下分四个方面阐述孝的内涵。

第一节　孝在知恩

孝包括孝心和孝行，而孝心是根本。孝心是对父母的爱敬心与报恩心的融合。它并非一般的亲情和好感，后者更大程度上属于人的本能（连动物也会有），离孝心还差很远。孝心则需要培养，需要在本能基础上再加上更多的理性。

父母不见得都有很高的造诣，培养孝心主要是靠对父母知恩、念恩，由此引发孝心。知恩、念恩有多少，孝心就有多少。

知恩就是要深刻认识父母对自己的恩德。《孝经》云：

“身体发肤，受之父母，不敢毁伤，孝之始也。”此身由父母所赐，没有父母尚无我身，一切成长更无从谈起，所以父母恩中最大、也是最基本的是生养之恩。除此之外，父母更有牵挂护念之恩，如“父母唯其疾之忧。”（《论语·为政》）

父母不唯有生养之恩，还毫无保留地向子女传授人生经验和生活技能，可谓是子女最早的启蒙老师，故对子女还有教化之恩。

佛教对孝道亦极为重视。有一部著名的佛经叫《父母恩重难报经》，总结了母亲对子女的十种恩德：“第一、怀胎守护恩，第二、临产受苦恩，第三、生子忘忧恩，第四、咽苦吐甘恩，第五、回干就湿恩，第六、哺乳养育恩，第七、洗濯不净恩，第八、远行忆念恩，第九、深加体恤恩，第十、究竟怜悯恩。”这十条全面而具体，很值得深思。

知恩之后还要念恩。念恩就是要对这些恩德常常忆念，否则就会淡忘。念恩要念到心生感动，真情难抑，这时就会产生孝心。

有了孝心，就会发自内心地想报答父母——勿使父母受一点苦，愿使父母享一切福，对父母也自然不敢稍有违逆。如果只是因为要尽义务而孝养父母，就已经失去了孝的真义。

如果说父母教养子女是理所应当，似乎用不着感恩戴德，那么子女孝敬父母也是理所当然。

第二节　孝行三阶

有孝心必有孝行。《孝经》将孝行分为三个层面：“夫孝，始于事亲，中于事君，终于立身。”以下分别阐述。

一、事亲之孝

事是事奉，事亲之孝讲的是该怎样直接对待父母，这是最初的、也是最基本的孝行。《孝经》中列举了五个方面：“居则致其敬，养则致其乐，病则致其忧，丧则致其哀，祭则致其严。五者备矣，然后能事亲。”

悌道讲的是友爱兄弟。兄弟等也为父母所爱，爱父母之所爱，亦能令父母欣慰，如《弟子规》云：“兄弟睦，孝在中。”所以行悌也是在行孝。照此道理，能否待子以慈，也会牵动父母的心，故亦不应轻忽。所以欲行孝道者，亦不可不致力于悌、慈之道。

二、事君之孝

事亲之孝的范围主要是在家庭，而事君之孝的范围则扩大到社会。《孝经》里列出了从天子以至于庶人的行孝标准：天子之孝是“爱敬尽于事亲，而德教加于百姓，刑于四海。”诸侯之孝是“在上不骄，高而不危；制节谨度，满而不溢。”卿大夫之孝是“非先王之法服不敢服，非先王之法言不敢道，非先王之德行不敢行。”士之孝是“故以孝事君则忠，以敬事长则顺。忠顺不失，以事其上，然后能保其禄位，而守其祭祀。”庶人之孝则是“用天之道，分地之利，谨身节用，以养父母。”总之，不论是何种身份，皆当敦伦尽分，忠信守义，毋使人格有亏。否则上则祸乱国家，下则贻羞父母，如此岂可谓孝？

三、立身之孝

这是最高层面的孝。当修身有成，入于圣贤，即完成立身之孝。如《孝经》所谓“立身行道，扬名于后世，以显父母，孝之终也。”至此可谓——尽父母生身之能事，到报恩行孝之极致也。从这个角度看，三纲八目等无不是行孝的内涵，唯完满众德方才做到一个孝字。故《孝经》云：“甚哉，孝之大也！”

第三节　事亲关键

事亲之孝直接面对父母，是孝行三阶的基础，仁的主要特质也尽在其中，其关键有三：

一、孝的灵魂在敬爱

尽心照料父母的生活是孝的基本要求，但如果内心并无敬爱，把父母当成是过时的人、糊涂的人、无用的人、需要被哄、被打发的人、只是需要被养活的人，就失去了孝的灵魂。

如有一次子游问孝，子曰："今之孝者，是谓能养，至于犬马，皆能有养，不敬，何以别乎？"又当子夏问孝，子曰："色难。有事，弟子服其劳，有酒食，先生馔，曾是以为孝乎？"（《论语·为政》）子游、子夏都是圣门高弟，如子夏"事父母，能竭其力。"（《论语·学而》）他们对父母的服劳奉养已做得十分周到，但夫子恐其爱敬之心犹未真切，故又特别警之以爱敬为孝。孟子也直接讲道："食而弗爱，豕交之也；爱而不敬，兽畜之也。"（《孟子·尽心上》）这些都足为警示。

对父母的腹诽尤须堤防。《德育古鉴·孝亲类》中记载过一个叫俞麟的人即常犯此过："彼父母凡语言举动，麟心辄不谓然，但勉强不露声色，浮沉顺之。真性日漓，伪心相与，是视亲如路人矣！"今人辄以唠叨、落伍、拙笨等理由嫌弃父母，动念之间已亏损孝道，故不可不察。须知：父母正因为爱我之深，才责我之切；正因为养我既久，才多见老迈。明乎此理则应该感恩不已，又怎么能嫌弃呢？

二、养身更要养心

养身是基础，养身更要养心，如此方为孝子。如云"孝子之养老也，乐其心，不违其志。"（《礼记·内则》）养心比养身需要更加用心，曾子的孝行最值得称道。如"曾子养曾皙，必有酒肉。将彻，必请所与。问有余，必曰'有'。曾皙死，曾元养曾子，必有酒肉。将彻，不请所与。问有余，曰：'亡矣'。将以复进也。此所谓养口体者也。若曾子，则可谓养志（即养心）也。事亲若曾子者，可也。”（《孟子·离娄上》）曾子孝养其父曾皙，不仅每次都竭力奉以上好饮食（曾子并不富有，想必酒肉亦来之不易），还顺承其父说家中不缺，而使其遂意支配。此可谓既养身又养心。轮到其子曾元事父，则唯是养身——给其口体而已，遂令亲心不得舒畅。

要养心就不要使亲心不安。如孟武伯问孝，子曰：“父母，唯其疾之忧。”孟武伯生在大夫之家，富贵难免逸乐，故易致疾而贻忧父母。所以孔子诫之当慎起居、戒饮食、戒色、戒斗，以不使堂上担忧。

又如子曰：“父母在，不远游，游必有方。”（《论语·里仁》）古来孝子，不登高，不临深，出必告，反必面，无非是为了使父母心无牵挂，安享太平。

如果察觉父母心情不好，子女应设法安慰排解，务使父母开心乃已，不能扔着不管。

三、不诤亦不孝

顺承父母也应当合于道义。若父母之命不合道义，则不但不应顺从，而且应该劝谏，以免父母陷入不义，这才算真孝。如《孝经》云：“父有争子，则身不陷于不义。故当不义，则子不可以不争于父，臣不可以不争于君。故当不义则争之。从父之令，又焉得为孝乎？”劝谏父母时，心态应恭敬，语气应委婉，方法应善巧。如子曰：“事父母几谏，见志不从，又敬不违，劳而不怨。”（《论语·里仁》）又如

《弟子规》道："亲有过，谏使更。恰吾色，柔吾声。谏不入，悦复谏。号泣随，挞无怨。"劝谏的背后不是不满，而是深深的不忍，这才不违孝道。

第四节 何以为本

习儒以行仁为中心，行仁为何以行孝为本呢？理由有三：

一、容易入手

仁者之爱无远弗届，并无亲疏之别。但是，让学人一上来就平等博爱是不现实的，必须从容易处练起。如《中庸》云："君子之道，辟如行远必自迩，辟如登高必自卑。"

容易习仁的对象不是冤家对头，也不是与己无关的人，而是于己有恩的人。恩中之最大者莫过于父母之恩，故从对父母习仁——也即从行孝开始，将是最容易的。若对父母都不能敬爱，又何谈泛爱众人呢？

《孝经》云："故不爱其亲而爱他人者，谓之悖德。不敬其亲而敬他人者，谓之悖礼。"这段话不是要人"亲疏有别"，而是让人省察：对父母不敬不爱而敬爱他人，到底是出于什么？如果是出于私利，那就是伪善。如果是出于知恩图报，而父母之恩无人能及，那为何不报恩之大者？不报大恩却报小恩，岂非悖理？父母大恩尚且敢忘，他人小恩岂能不忘？既然对他人的小恩也难保不忘，则对他人的爱敬也难保不失。因此，如果想做到普同爱敬，经久不失，若不以孝为基，从父母开始，其实都是靠不住的。

二、移孝于师则能尊师

学仁不可无师，尊师重教是道之根本。孝子事亲时，处处观亲容颜、不专己意。有了这种品质性情，当其投师问学时，就很容易做到尊敬师长、受教入心，从而也很容易取得进步。在次第上将亲仁置于最前，是因为孝道也需要有人来教；若就功夫而论，二者是完全相通的。

三、移孝于众则成仁

《孝经》说："爱亲者，不敢恶于人；敬亲者，不敢慢于人。"将孝移于兄则为悌，移于子则为慈，移于君则为忠，移于长则为顺，移于下则为宽，移于友则为信。原因是经久习孝的人，其专己的心必弱，怀他的心必强，用这种特质待人，则无不顺于仁义。不过"移"字没那么简单，因为对象有别，用心的方式将同中有异，所遵的礼法也各有差殊，尚需专攻益求才能一一具备。

以上是从道义上论孝之为要。若从利害上论，古往今来行孝获福、不孝得祸的例子不胜枚举，在《历史感应统纪》《德育古鉴》等史书中比比皆是，现代也有很多真实动人的故事。这些都足为明鉴，故即使不谈上求仁德，想避祸求福者也不可不孝啊！

第四篇

明德已立

导 语

外依师友，内秉崇志，在此基础上，正可以依八目进阶。

八目分“内修立己”和“外治立人”这两部分，本篇主要阐述前者，后者将在下一篇论述。

本篇的“第九章格物”、“第十章致知”、“第十一章诚意”、“第十二章正心”和“第十三章修身”，将分别阐述格物、致知、诚意、正心和修身这五个子目。

修身一目涉及待人的心态，故也有人视之为连接立己与立人的枢纽，而将它单列出来。鉴于该目主要还在于消除自心的偏辟，本书还是把它归入立己功夫。

凭动机分判善恶乃至仁与不仁，是普遍原则。立己虽然直接针对的是自己，但也是在为立人打基础。为立人而先立己，就不同于只为立己而立己。所以就其动机而论，也算是进入了仁德的范畴。

第九章　格物

第一节　何谓格物

一、格物之义

在流传的《大学》读本中，已见不到曾子本人对“格物、致知”的解释。从东汉郑玄开始，就不断有学者对此做各种注解。后代流传较广的是朱子“即物穷理”之说，且录入其后的《大学》读本。

朱子说道：“盖格物、致知之义，而今亡矣。闲尝窃取程子之意以补之曰：‘所谓致知在格物者，言欲致吾之知，在即物而穷其理也。盖人心之灵莫不有知，而天下之物，莫不有理。惟于理有未穷，故其知有不尽也。是以大学始教，必使学者即凡天下之物。莫不因其已知之理而益穷之，以求至乎其极。至于用力之久，而一旦豁然贯通焉，则众物之表里精粗无不到，而吾心之全体大用无不明矣。此谓物格，此谓知之至也。’”

王阳明对此说颇有异议，因为他曾照此用功不力，甚至生了病。他道：“先儒解‘格物’为格天下之物，天下之物如何格得？且谓‘一草一木亦皆有理’，今如何去格？纵格得草木来，如何反来诚得自家意？”“某因自去穷格，早夜不得其理。到七日，亦以劳思致疾”“……乃知天下之物本无可格者，其‘格物’之功，只在身心上做。”（《传习录·黄以方录仁》）

阳明先生以格物向内，此说颇是。因为儒家讲修身——虽然置身万境，但要即境内反，穷究外物之理实无大益。否则，那些科学家也应该成为修身大家，而事实上并非如此。

不过，若能观万物之机以明存心之理，则无不可，且圣人亦常用之。如宰予昼寝，孔子知之曰：“朽木不可雕也，粪土之墙不可杇也，于予与何诛？”（《论语·公冶长》）这是借物喻人，以责其懈怠。又如《中庸》道：“天之生物，必因其材而笃。故栽者培之，倾者覆之。”这是借万物培覆之则，警人以“有德则立、无德则亡”的道理。

格物在心，具体该怎么做呢？阳明又道：“我解‘格’作‘正’字义，‘物’作‘事’字义”，“如意在于为善，便就在这件事上去为；意在于去恶，便就在这件事上不去为。去恶固是格不正以归于正，为善则不善正了，亦是格不正以归于正也。如此，则吾心良知无私欲蔽了，得以致其极（致知）；而意之所发，好善去恶，无有不诚（意诚）矣。”（《传习录·黄以方录仁》）所以格物就是在意念上去恶为善、返邪归正。这一点虽然没错，但若将各个面向的去恶为善都归在格物这一目，便显不出粗细浅深及先后顺序，故对初机而言实难入手。

北宋司马光另有一解，既不违修心之旨，又道出用功之次，着实值得依循。他在《致知在格物论》中说道："人情莫不好善而恶恶，慕是而羞非。然善且是者盖寡，恶且非者实多。何哉？皆物诱之、物迫之，而旋至于莫之知；富贵汩其智，贫贱翳其心故也。格，犹捍也、御也。能捍御外物，然后能知至道矣。"此处对格物解作——抵御外物的诱惑，而且唯有如此方能致知。捍御外物之诱，必待物欲之格。故依司马光之意，格物指格除物欲。格除有克服、戒除之义，是带有一定强制性的。否则，怎能挡得住外物的侵袭？

其实，朱子在解释明德时也说过："明德者，人之所得乎天，而虚灵不昧，以具众理而应万事者也。但为气禀所拘，人欲所蔽，则有时而昏；然其本体之明，则有未尝息者。"（《大学章句》）故欲明明德者，必须先冲破气禀、格除人欲。若在格物一目中，此义还不得显发，又将置于何目？

二、消除误解

格物是要格除对物质享受的贪欲。对此或有一些模糊概念，需加以厘清：

1. 人的生活少不了衣食住行，正常的物质需求并非物欲，对物质享乐的贪求才是物欲，是要格除的。

2. 要格物不是不许从事士农工商，更不是要脱离社会闭门修行。相反，家庭、工作是每个人的社会责任，学者不但不能弃之不顾，反而应该像曾子那样"吾日三省吾身"（《论语·学而》），反省自己有没有尽到本分。

3. 格物也不是说要刻意过清苦的日子。而应“君子素其位而行，不愿乎其外。素富贵行乎富贵，素贫贱行乎贫贱，素夷狄行乎夷狄，素患难行乎患难。君子无入而不自得焉。”（《中庸》）格物只是强调要将生命的重心转移到为学上来。把握了这个精神，即使身居富贵也不妨修道。特别是在“亲民”时，富贵还恰恰成了博施济众的有利条件。

第二节　物欲之弊

求德与求欲是两个相反的方向。傅玄说：“德比于上，欲比于下。”（《傅子·仁论》）这一语道出了儒家的重心。然而，物欲是常人常情，学人初立志时，物欲并不会立即消退。要用功时，首先遇到的阻力就是物欲，所以必须先行格除方能前进，故将格物列为八目之首。物欲障道有诸多表现，例如：

一、无暇学习。不能淡泊物欲便谋食不谋道，于是每每无暇问道，更谈不上修道，志向便永无实现之日。

二、障蔽心智。物欲所求的主要在于感官享受，如美色、美声、美味之类。感官很容易被这些享受所吸引和控制，如孟子云：“耳目之官，不思而蔽于物。物交物，则引之而已矣。”（《孟子·告子上》）常人原本感官作用就强、思想作用就弱，而学习主要靠思想。一旦物欲恣行必夺人心志，使人无心学习。纵使在师友身旁，也非昏即散，无法贯注于问学。又稍觉辛苦就想休息，一遇困难动辄放弃，如此实难入道。

三、用心不纯。心耽物欲，则无论是问学义理，还是待人接物，都难免动机夹杂，恐将留一分心思，借学问、行善之名求取功利，直如在美食中掺入毒药，终将受其毒害。

故物欲不格，如鸟在笼，岂能展翅高飞。孔子于此屡作警策曰："士志于道，而耻恶衣恶食者，未足与议也。"（《论语·里仁》）"士而怀居，不足以为士矣。"（《论语·子路》）孟子亦云："养心莫善于寡欲。"（《孟子·尽心下》）若格物见功，就可以入道称士了。

第三节 如何格物

物欲是内心涌动的力量，仅靠外部强压是伏不住的，必须靠转变观念才能釜底抽薪。以下略谈几个思维角度：

一、人之异于禽兽

人类能够深度思考、建立复杂关系、从事高级劳动，能极大改变环境，人与禽兽完全不可同日而语。可是孟子却说："人之所以异于禽兽者几希。庶民去之，君子存之。"（《孟子·离娄下》）意指人与禽兽只差在些微之间，而这一点点差异常人却把它丢掉了，唯有君子保留了它。那么这一点差异是什么呢？

孟子曰："形色，天性也。惟圣人，然后可以践形。"（《孟子·尽心上》）朱子在《孟子集注》中解道："盖众人有是形，而不能尽其理，故无以践其形；惟圣人有是形，而又能尽其理，然后可以践其形而无歉也。”又引程子的话：“此言圣人尽得人道而能充其形也。盖人得天地之正气而生，与万物不同。既为人，须尽得人理，然后称其名。众人有之而不知，贤人践之而未尽。能充其形，惟圣人也。”简言之，人之异于禽兽者，在于人能“尽其理”——有追求道义、穷理尽性的能力，将这一能力发挥出来才算“尽得人道”，才能够“充其形”——配得上人的模样。禽兽只会觅食和求偶，若生而为人，也只追求饮食男女的话，将何以有别于禽兽？如此便是未尽人道、未充其形，不堪与天地并称三才。

孟子曰：“行之而不著焉，习矣而不察焉，终身由之而不知其道者，众也。”（《孟子·尽心上》）虽然人人都拥有“尽其理”的高贵潜能，但未启发前它几存几无；或有人从来不知，或有人知而不存，在五欲八风中早将其埋没；即使偶然出现一点对道义的好感，也旋起旋灭，不成气候，故云“几希”。然而，君子贵而存之，发而未尽则成贤，彻底发挥即成圣人。

由上可见，一个人能否先行格物，就决定了他一生所能达到的高度——是迥超禽兽，还是相去无几。欲迥超禽兽、充配人形者，岂可不致力于格物？

子在川上曰：“逝者如斯夫！不舍昼夜。”（《论语·子罕》）万事万物都如河水般昼夜迁流。昔人已去，存者将逝，此是光阴迅速之象；念念不住，生生不止，此是心性无常之象。若见人生短暂、货利不实，谁不愿舍伪求真，用宝贵之人身，穷天地之至理，以使吾心大用无所不彰，如此才不负吾身！

二、透视物欲

物欲所求的是物质享受。如果物质享受是真正的快乐，则不仅不必格物，而且平生求之也不无道理。但事实并非如此，以下分四点论之：

1. 欲无饱足

人要活着的确对物质条件有一定需求，但物欲则是对物质的贪求——带有执着性和依赖性，而且所贪求的远远多于所必需的。贪求物质是为了得到快乐，可是求之不得却非常痛苦。所求越多，得不到的可能性就越大，所以所求越多，痛苦的可能性就越大。有时，人们天真地想着只要这次满足就行了。然而，物欲的特点是：得到之后还想要更好的，满足物欲恰如火上浇油，欲火会愈烧愈旺，反而带来更多求之不得的痛苦。因此，想通过满足物欲来获得快乐，的确不是什么好方法。

2. 享乐如露

物质享乐只是感官的感受而已。这种感受不同于心灵深度的感受，它消失得非常快，就像浮云朝露一般，想留也留不住，所以并无恒久的价值。例如：早餐的感受——无论是好吃还是难吃，早餐后就过了，只留一个印象而已，而印象并非彼感受；接下来午餐、晚餐的感受也是一样；隔天或许连印象也荡然无存了。大大小小各种物欲感受就是这样被快速地刷新、覆盖和遗忘，只有当下那点感受是“正在进行时”，但也转眼即过。如果一生都追求物欲，到最后一定觉得空空如也。

3. 心为物役

一旦物欲强盛，就会主从颠倒、以身宠物，人沦为物欲之主的奴仆。这个“主人”贪得无厌，人们被它驱使着，无休止地奔向一个又一个的目标。因此身心疲惫，苦恼不堪，以致人们常说“活得很累”。

4. 本质非乐

有人说：追逐物欲虽然辛苦，但在物欲被满足时还是蛮快乐的。其实不然。深刻观察会发现：诸多所谓的享乐，只是在用一种新苦代替旧苦时，因旧苦被缓解而产生的错觉——误把某种新苦当成快乐。这种假快乐会随着时间推移暴露出它非乐的本质。例如：站久了会累，刚坐下来会觉得坐着舒服；但坐久了又觉得难受，站起来又觉得舒服。其实坐、立等在本质上都不是快乐，延续这些状态就能检验出它本性是苦。但在坐立切换之际，会因为前一种苦减低，而误以为后一种苦是乐。再例如：大家都觉得吃美食是快乐，看电视是快乐，睡大觉是快乐，朋友聚会是快乐……可是当人们一直做这些事情时，就会麻木甚至发呕，足见其本质也并非乐性。

真正的快乐不会随着一直享受它而转变成痛苦，因为它的本质属性就是快乐，就像糖块始终都是甜的。而许多“快乐”并非如此，它们不是糖快，而是糖衣药片。

即使说物欲享受有其相对快乐的一面，但也不如格物之乐。其理譬如：发痒很难受，挠痒很舒服，但是绝不会有人去追求这种挠痒之乐。如果有的话，他应该先使全身发痒，然后再去挠痒，可是有谁会那样呢？正常人还是以不痒也不挠为乐。同样地，物欲如发痒，满足物欲如挠痒，其乐似乐非真乐；无痒则安，无欲则乐，格物如除痒，格物之乐才是真快乐。

若能想通以上四点，则知能格物者实为智者。

三、责志以格物

除思维转心以外，还需藉志向之力量来格物。志向是学人已经确立的人生方向，它是有一定力量的。用志向校对现行，就会有修正、激励的作用，这就是责志之法。它通于各目，乃是王阳明先生所述：“一有私欲，即便知觉，自然容住不得矣。故凡一毫私欲之萌，只责此志不立，即私欲便退；听一毫客气之动，只责此志不立，即客气便消除。或怠心生，责此志，即不怠；忽心生，责此志，即不忽；燥心生，责此志，即不燥；妒心生，责此志，即不妒；忿心生，责此志，即不忿；贪心生，责此志，即不贪；傲心生，责此志，即不傲；吝心生，责此志，即不吝。盖无一息而非立志责志之时，无一事而非立志责志之地。故责志之功，其于去人欲，有如烈火之燎毛，太阳一出，而魍魉潜消也。”（《示弟立志说》）

物欲是常人与生俱来的习气，与习气战斗就如戒毒一样非常辛苦，但这是必经的过程。如云：“若药不瞑眩，厥疾不瘳。”（《孟子·滕文公上》）如果用药没有一定的反应，又怎能治病呢？又如古人道：“不经一番寒彻骨，怎得梅花扑鼻香？”既然这是必经过程，学人就要靠智慧、靠意志力，坚决取小苦、免大苦，舍小乐、取大乐，忍过一时之难就能安享长久之利。不仅格物时如是，修习其他子目时亦复如是。

格除了物欲的蒙蔽与羁绊，身心初步透脱，正好投身问学以启发智慧，便进入致知一目。

第十章　致知

如前所述，习儒者需仁智兼修。其中的智慧特质，从致知一目更得以凸显。

第一节　何谓致知

在今本《大学》在释致知处，确为曾子原话的只有一句："此为知之至也。"但这只像是结语，前面的话遗缺了。不过，至少这句话道出了"致知"是使"知"达到"至"的过程。知通于智，也就是"明本末、知善恶"的智慧，而使之通达无蔽即致其知。王阳明认为致知就是致良知，故知同良知；又道："知善知恶是良知。"（《传习录·钱德洪录》）所以，他也是将良知或知，解释为明辨善恶的智慧。

智慧有两个层面：一是基于理论，二是基于实证。前者如了解图纸，后者如亲见实物。虽说这两个层面的智慧都是智慧，但见图不如见物，前者较后者毕竟隔着一层。致知居八目之初，虽然是使"知"达到了"至"，但这个智慧只能定位在第一层面。若定位在第二层面，其立意虽美，但难以与致知的初目地位相符。

致知要靠学习，这毋庸赘言，但致知必有其要领，否则事倍功半。关于致知之法在《大学》中不见明文，虽有“致知在格物”及“物格而后致知”之语，但这两句只是指出了——须在格物基础上再另下功夫才能致知（上一章所引的王阳明及司马光之说皆同此义），却并未说明“致知”本身应当如何。至于朱子认为格物至极即达知至，在格物之外并不需要另有所学，这显然不合理。为解释致知一目的内涵，就不妨援引其他经典。

考虑到致知在于彻达义理，而接下来的诚意一目，在于笃志躬行。这两目合起来，正显示出“先明理、次实行”的修身共轨，与《中庸》里的“博学之、审问之、慎思之、明辨之、笃行之”完全对应——其中致知对应前四项，诚意对应最后一项。所以，可以用前四项来解释致知。至于诚意与笃行，将放在下一章探讨。

或问：在学习格物以及前面的亲仁等子目时，也需要先明理、次实行，为什么致、诚二目不置于最前面，而放在格物之后呢？诚然，从亲仁开始，凡是要去一分恶、修一分善，都要先明辨善恶，再修善去恶，这是不易之理。但之所以不先立致、诚，是为了突显从亲仁到格物的基础性地位，而且这些德目几近伦常，其理易知易解，唯须先切实行去；又当行持的习惯养成了，德行的基础也建立了，再深入致、诚不迟，一如“行有余力，则以学文”（《论语·学而》）的道理。如果一开始便大谈致知，就很容易流于口耳，那岂是教人致知的本意。理由大抵如是。

鉴于学离不开问，思离不开辨；学问主要靠老师引导，思辨主要靠自己用功。所以分两部来阐释致知。

第二节　博学审问

一、博学于文

致知始于博学。如四书五经、古今注疏，凡为典籍者皆可学习，且应随力所及，多多益善。强调为学要广博，是因为致知在于明理立见，有立就有破，破立靠的是理路。理路学得越广，寡过进德的通路就越多，力道也越强。博学者比寡闻者进道的速度要迅捷太多；后者不仅迟缓，甚至还经常被卡住。

又“博学而笃志”（《论语·子张》），博学使人的志向更加坚定，志向坚定则无难不克，这是要博学的另一重要理由。

需要注意的是：一方面要博学多闻，一方面要进行梳理——将所学的内容都归入修身次第之中。否则，只是把它们堆砌起来，不仅无助于实修，反而让人无所适从。

二、审问决疑

学进来的道理是要用于校正身心的，所以必须像尺子一样精准无误，不能含混笼统或似是而非。因此，无论是研阅经典还是听老师讲授，学了一定有疑，有疑一定要问，而且还要审问——详细地问，务必断除疑惑而后已。如阳明先生道：“言之而听之不审，犹不听也。”（《示弟立志说》）《弟子规》也总结得很好：“心有疑，随札记；就人问，求确义。”

“审问”是为学的重要环节，也是学人的本分。好老师的做法是：“善待问者如撞钟，叩之以小者则小鸣，叩之以大者则大鸣，待其从容，然后尽其声。”（《礼记·学记》）孔子也说：“不愤不启，不悱不发。举一隅不以三隅反，则不复也。”（《论语·述而》）因此，若学而不问或少问，势必失去很多进学的机会，其责任在学生不在老师。

关于这点举一个例子。司马牛问何为君子德行。子曰：“君子不忧不惧。”司马牛又问：“不忧不惧，斯谓之君子已乎？”不忧不惧就够当君子了吗？子曰：“内省不疚，夫何忧何惧？”（《论语·颜渊》）因为“君子忧道不忧贫。”（《论语·卫灵公》）若自反于道无亏即无疚，也就没有什么好担心的了。司马牛最初未达此义，或将君子之不忧不惧，混同于心宽量大。再问之下，方知孔子之意，是要他唯道是忧，不忧其余。可见问之为要。

又请问时，须效法古人“切问而近思。”（《论语·子张》）“审问”必须是“切问”——要切中自己自心而问，如“切问近思在己。”不要问一些与自己修行无关、貌似深远的问题，结果是“泛问远思，则劳而无功。”（《论语集注·子张》）也不要为彰显己能，或为专挑毛病而问。

要审问决疑并不否定信心的作用。在修道过程中，有些道理是超出学者当时的理解力乃至想象力的。这时，应凭着对过来人的信心，照着他的话先实践，等功夫达到某个高度时自能通晓。就像要经过陌生的地方，一定要先信从向导，等走过去了自然明白其来龙去脉。不靠前人的经验，想把事情都搞懂了再做，这是行不通的。

三、问学之道

学跟问主要的对象是师长。跟师长学习，除了观察效法师长的身教之外，最主要的方式是听其言教。听讲这个环节，是师弟之间传递心法的咽喉要道，可是通常人们对它并不重视，也不觉得它是一门学问，便导致问学效率低下，甚至出现反效果。因此有必要专门下一番功夫。

好的听讲状态，一定基于对老师的恭敬和对道的希求，这在“亲仁”一章已经详述。除此之外，还需注意以下要领：

1. 提策心志

听讲时的心态，是由之前的心态延续过来。如果听讲前心力低迷或者心绪散乱，势必妨碍正听时的理解和吸收。故在听讲前需特意想到：我已立志成为大人，故须行大人之道；道须先知，知须听闻，而今日正当其时；此事神圣，不应浮泛为之。若先如此回归宗旨以提振心力，从纷乱的思绪中收摄身心，令心庄重而听，自然会有不一样的效果。

2. 珍惜机缘

经典所载都是圣人智慧的结晶、修身治世的法宝，经由历代贤哲薪火不断才传承至今，实属来之不易。今日幸蒙良师讲授，益友伴学，故应倍加珍惜，心怀恭敬而听。

3. 病者求医

人的过恶犹如疾病，常常损恼身心。要治病就得求良医授予妙药，要除过就得求明师示以善道。得药须服，不服无益；闻道须修，不修无成。此闻道致用之理，阳明先生亦以多门喻之，学人自可取法："则其展卷之际（亦包括闻教），真如饥者之于食，求饱而已；病者之于药，求愈而已；暗者之于灯，求照而已；跛者之于杖，求行而已。曾有徒事记诵讲说，以资口耳之弊哉！"（《示弟立志说》）

4. 清空心杯

师弟教学若能如瓶注瓶，就能达到最佳效果。借喻言之，听课时要使自心像干净的空杯一样，去承接教诲的甘露。为此需察觉以下三种过失：

（1）人在心不在，耳朵听到，心没听到，心处于覆蔽状态。就如同杯子倒扣，什么也加不进去。

（2）抱着某些成见或偏见听讲，这样不仅学不到东西，而且还会冒出诸多负面想法。例如：觉得某老师不喜欢我，所以他今天借讲课之机，故意说一些话使我难堪。这种情形就像杯子被污染，净水倒进去也成脏水，便不能饮用。当然，也不是说对老师的话要全盘吸收，重点在于不要先入为主，要以正直理性的心，去听取本来就是正确的东西。

（3）听过就忘，等同没听。如杯底有洞，水倒进去都漏光了。

5. 不重外表

从师主要是为了学其思路。因此，对为师者的出身、学历、名望、相貌、穿着、姿态、用词、语气等等，乃至老师本人到底有没有做到他所讲的，均不应在意，而只专注于他所讲的道理。应如君子“不以人废言。”（《论语·卫灵公》）这才是善学的表现。

6. 善问有节

怎么问也颇有学问，应如《礼记·学记》云：“善问者如攻坚木，先其易者，后其节目，及其久也，相说以解；不善问者反此。”

总之，应为了求证大道，摒除杂念，敬专至诚而听，勿漏一字一句，而且要边听边灵动地思维——这样就进入闻教的最佳状态。这种状态可以从《孝经》开头那段场景中细加体会：孔子问曾子知不知“先王有至德要道”，曾子马上意识到夫子要开示要旨，便立刻从席子上站起来，走到席子外面，谦虚而恭敬地答道：“参不敏，何足以知之？”其敬重求教之状，活脱脱如在目前，足为后人效法。

第三节　慎思明辨

慎思就是要审慎而思，明辨就是要依理而辨。问既然要切问，思自然也要近思——要贴近自心而思，远则无益。为什么在学问之后还要思辨呢？因为“学而不思则罔。”（《论语·为政》）王阳明亦道：“听之而思之不慎，犹不思也。”（《示弟立志说》）这是因为：虽然靠着老师引导，得以一时明白，但如果自己不再思辨的话，面对问题时仍不免疑惑。就好比上课时会做的题，到课下又不会了。所以，必须对听过的道理再下功夫——通过慎思、明辨，达到仅凭自力就能决断的程度，才算立见有成，致知有得。

觉得懂了却做不到或做不彻底，有的是因为习气太深，有的是因为没有真懂，对此要善加区分，通常后者居多。没有真懂——一定是因为在内心深处，有某个见解被卡住了，这其实就是“未致其知”表现。所以，致知虽然侧重在理，但明理也是要下大功夫的。如《中庸》道：“有弗学，学之弗能弗措也；有弗问，问之弗知弗措也；有弗思，思之弗得弗措也；有弗辨，辨之弗明弗措也。”只有样样都做到家，才能算知至，接下来才谈得到“有弗行，行之弗笃弗措也”。若心中不透，想笃行是办不到的。

第十一章　诚意

致知则能明理，明理是为了实行。然而“非知之艰，行之惟艰；言知之易，行之难。”（《尚书正义·说命中》）因为道理虽明，但痼习依旧，现行的还是老一套，能知非立改的上根毕竟不多。然而，如果以此为借口，总是在讲道理，总是不用功的话，就会患上“好说不练”的顽症，此症尤难医治。原因是：道理原本是拿来调心的，却没用在心上，都习惯性地用在了口耳上，这时就无药可救了。所以明理之后就必须汲汲于实行，以免走上岔路。改过迁善犹如脱胎换骨，非诚意笃行则不能。要笃行必先诚意，有诚意必能笃行，此二者密不可分。本章将兼述二义。

第一节　毋自欺也

《大学》道：“所谓诚其意者，毋自欺也。”诚意就是不要自欺欺人。《大学》提到自欺的两种：一是对于修道并未真会却自以为会了；二是藏匿或伪饰心中的恶，自以为别人不知，其实别人看得一清二楚。

一、未会先会

第一种自欺，是《大学》这段话的隐义。有些人修为不高，但他闻多识广，能说会道，俨然已成通家。他自己也因此有了成就感，便觉得不必再叩问躬行，于是就停在这个“假成就”中浪费光阴——这已经自欺了。我们姑且称之为“未会为会”。

未会是跟会比出来的，真会了必诚其意。诚意的标准是要达到“如恶恶臭、如好好色”。常人对于恶臭之厌恶，以及对美色之喜好，不论是否形之于色，都全然发自真心。若对“恶”之厌恶，如同“恶恶臭”而避之唯恐不远；对“善”之喜好，如同“好好色”而趋之唯恐不近，就可谓诚其意了。做到诚意还会“自慊”——自感内心快足，这是因为于道有得，自然有踏实、喜悦之感，而非只是慰藉口耳而已。“会”了却意不诚，岂能算真会？做不到诚意只说明未会。

为什么有人懂得了断恶修善的道理，却对恶不恶、对善不好呢？例如：知道应该惜时，却对闲聊并不痛恶，对办正事并无兴致呢？问题不是出在不懂，而是出在懂了以后，没有对所懂的道理，再反复思考。唯有经过几十次乃至几百次的重复思考，所懂的道理才会从浅层概念，变成深层观念，才会随之产生或喜或厌的感受。

其实这个机理到处可见。例如：对一位新同事我们并无成见。共事几次就会稍有看法，但不至于固化；接触久了，某些看法被不断重复，就会形成对他的成见或观感，而且会引发相应的好恶之情。把这个过程移用于修道，就是诚意之法。

所以，在致知之后提出“诚意”这个标准，旨在告诫学人：对通过致知一目所明了的道理，必须再三思维，直至意诚才能派上用场。否则，道理虽然也懂得、说得，但习性和感受还是老样子。

或问：前面的“致其知”也需要思维——如慎思、明辨，这里的“诚其意”也需要思维，这两个“思维”有何不同呢？其不同在于：前者是要抉择所闻义理的正确性，以期消除疑惑；后者是要对已经确信无疑的道理，再进行复习，以期将表层认知（仅在‘懂了’的层面）内化为观念和感受。那种“未会为会”的自欺，多半是由于未区分“仅懂道理”与“形成感受”的差别，以及不了解这两阶段思维各自的特征所导致的。

谈到笃行，人们最容易想到的是身体力行。其实，身体力行是笃行于外；笃行于外，必先意诚于内；意诚于内，必能笃行于外。故笃行关键在于诚意，此理不可不知。

总之，致知如读懂药方，诚意如照方服药；不服药则病体不愈，意不诚则痼习难改。如子曰：“苗而不秀者有矣夫！秀而不实者有矣夫！”（《论语·子罕》）意指学而不致其知，如苗而不秀；知而不诚其意，如秀而不实。是故学必致其知，知必诚其意，如此才不会步步耽搁，浪费了前面的基础。

此外，懂很多却不实行，不如懂一点就做一点来得好，因为这样才能养成学而时习的好习惯，才能体会到为学之乐。如孔子“学如不及，犹恐失之。”（《论语·泰伯》）“子路有闻，未之能行，唯恐有闻。”（《论语·公冶长》）儒家的家风向来如此。虽然闻道也能带来快乐，但比之于证道之乐，就如嚼甘蔗皮与嚼甘蔗肉相比，其滋味相去甚远。学人岂可不孜孜躬行以求证焉。

二、掩其不善

第二种自欺的出现，是由于不信“诚于中、形于外”的道理。《大学》道：“小人闲居为不善，无所不至。见君子而后厌然，掩其不善，而著其善。人之视己，如见其肺肝然，则何益矣。”诚与不诚、真善与伪善是藏不住的。孔子也说：“视其所以，观其所由，察其所安，人焉叟哉！人焉叟哉！”（《论语·为政》）若不想让人家说自己道心不真，唯有真心向道乃可。

王阳明亦尝教诫弟子道：“诸生试观侪辈之中，苟有虚而为盈，无而为有，讳己之不能，忌人之有善，自矜自是，大言欺人者，使其人资禀虽甚超迈，侪辈之中，有弗疾恶之者乎？有弗鄙贱之者乎？彼固将以欺人，人果遂为所欺，有弗窃笑之者乎？”（《教条示龙场诸生》）

总之，这两种自欺者要么停在讲理上，要么活在伪饰下，都没下真功夫，耽误的毕竟还是自己。若真要为自己好，就要立刻停止自欺，要面对真实的自我，以刮骨疗毒的精神改过图新。若有这样的诚意，当下就会有一番入道的气象。

第二节　择善固执

《中庸》对“诚”也有一番开示，与《大学》的“诚意”相通，且更有其独到之处，兹亦引述以明用功之要。

《中庸》道：“诚者，天之道也。”这个诚是指天道无欺。“诚之者，人之道也。”既然天道无欺，人就应当恪遵天道而毋自欺——这种诚意之法，就是做人之道。“诚者，不勉而中，不思而得，从容中道，圣人也。”圣人已经功成，不待勉思而自然合道，就像孔子“从心所欲不逾矩”，故称之为“诚者”。“诚之者，择善而固执之者也。”圣人以下的君子贤人，其功力尚未及纯，于道尚须精诚为之——择善而固执之，故称其为“诚之者”。据此之义，学人当做“诚之者”而行“诚之”之法，亦即要“择善固执”。

综合二经之义：《大学》的诚意重在从内心厌恶乐善。不过，有了厌恶乐善之情，并不等于已经消灭恶习、拥有美德，而是要靠它推动去恶为善。其法即是《中庸》之诚——择善而固执之，如“得一善，则拳拳服膺而弗失之矣。”若不如是，恐将得而复失。如子曰：“知及之，仁不能守之，虽得之，必失之。”（《论语·卫灵公》）又立一善即在破一恶，立须固执，破须除根。要除根就必须穷追猛打，彻底扫荡。如王阳明道：“克己须要扫除廓清，一毫不存方是；

有一毫在，则众恶相引而来。”（《传习录·陆澄录》）可见要“诚”，实有其不得不此的理由。

滴水能够穿石，磨杵可以成针，只要以至诚精神，锁定目标、锲而不舍，则无不可断之恶，无不可修之善，即使是圣人之境亦终将抵达。如《中庸》道：“唯天下至诚，为能尽其性；能尽其性，则能尽人之性；能尽人之性，则能尽物之性；能尽物之性，则可以赞天地之化育；可以赞天地之化育，则可以与天地参矣。”

为学之初一定觉得困难。这时应提醒自己：感觉难是因为能力不足，只要坚持练习，智慧能力就会渐渐增长，再难的事情也会变得容易。如《中庸》云：“人一能之，己百之；人十能之，己千之。果能此道矣，虽愚必明，虽柔必强。”从不能到能，只待勤习而已。

又须强调：功夫需按次第建立。若任意而为，躐等急求，不仅一无所成，而且会养成用功无序的坏习惯。

第三节　君子慎独

《大学》在讲诚意时，屡屡强调“君子必慎其独也”。君子慎独是学人的一项基本功。

学人在与良师益友共处之际，由于周围的人都唯道是从，以顺德为美、悖德为丑，在这种氛围中自然收摄身心，不敢放任。即使是功力单薄的人，也能靠着环境的保护，让求仁之心占领上风，于克己修德分分上进。所以这时并不需要太担忧其道业。

然而在独处之时，道心未固者就难免松懈放逸。若更与小人相处，彼此以纵欲流俗为美、以遵礼守德为迂，便为恶习虎狼大开其门，任其横行流窜而荼毒心灵，所以才强调君子慎独——独处时须倍加小心，谨防道德有亏。若不然者，偶尔跟师友在一起时才端身正念，一独处就恣意妄为，如此进一退三，怎能有长足的进步？

如何提起这种防护力呢？就要像曾子所说的那样，在独处时，应仍如被“十目所视、十手所指”，从而心存敬畏，仍能端身养正。

既然独处时正念易于走失，就应该多多与良师益友共处，以利于安守善道。

“致知、诚意”虽然并列于八目，但与其他德目有所不同：此二目是学修其他德目的通则或共轨，其他德目则是通过此二目所要学修的对象。要修道有成，两类德目虽缺一不可，但并非同类。以譬喻言之：致、诚二目如处理工序，其他德目则如待处理的工件；要生产出成品，工序与工件缺一不可，然而它们并非同类。

要搞清儒学框架，就必须搞清这种关系。搞清了这种关系，才能搞清用功方法。照正确的方法用功才能得力，才能行道致远。

第十二章 正心

成就仁德必须格除私欲。私欲有粗细深浅之分：物欲以贪求感官享受为主，属于较粗浅的部分，对名声地位等的贪着则属于较深细的部分。就像抹桌子时，先抹掉粗的、再擦去细的一样，格除私欲也应从粗到细，由浅及深。所以，格物在先，余者在后，这也符合由易到难的顺序。从正心一目开始，即致力于对治比较深细的私欲了。

第一节 何谓正心

《大学》道："所谓修身在正其心者，身（指心）有所忿懥，则不得其正；有所恐惧，则不得其正；有所好乐，则不得其正；有所忧患，则不得其正。心不在焉，视而不见，听而不闻，食而不知其味。此谓修身在正其心。"

此处并未直说正心，而是指出了什么是不正：但凡心中带有忿懥（发怒）、恐惧、好乐、忧患等情绪，心就失于其正而入于不正。设法远离不正，就是正心。

不过，情绪也并非要一概远离。如《中庸》道："喜怒哀乐之未发，谓之中；发而皆中节，谓之和。中也者，天下之大本也；和也者，天下之达道也。"在字面上，喜怒哀乐与忿恐乐忧虽非一一对应，但无非都是好恶之情。按《中庸》的观点，如果这些好恶之情“发而皆中节”的话，就成为“天下之达道”，反而是对的。原因是“中节”就是“中礼”，“中礼”即合乎仁，既合乎仁则无不可发，因为发则有益。

经典中常提到圣贤的中节之情，如子曰：“唯仁者能好人，能恶人。”（《论语·里仁》）“德之不修，学之不讲，闻义不能徙，不善不能改，是吾忧也。”（《论语·述而》）又如“颜渊死，子哭之恸。”（《论语·先进》）“君子戒慎乎其所不睹，恐惧乎其所不闻。”（《中庸》）“战战兢兢，如临深渊，如履薄冰。”（《诗经》）等等。

所以，对道德好乐，对鄙俗厌恶，这既是正常的，也是必要的。如果学来学去却毫无感动，那倒是应该反省一下——求道的诚意到底有几分?

相反地，忿懥等却是要避除的，因为它们都是由私欲而发的好恶之情，发则有害，故名之为不正而须纠治。以下分别阐释不正的害处，以及纠正之法。

第二节　不正之害

私欲动于内，不正发于外。人心一旦失正，就不再聪睿正直，看问题不仅偏颇，而且会错谬，甚至连正常的感知也被障蔽了。如“心不在焉，视而不见，听而不闻，食而不知其味。”（《大学》）毒树必生毒果，由不正而生的言行必与义相悖，与礼相乖，只会给自他带来损害。即使不就修身而论，仅就工作、生活及身心健康而言，忿懥等也为害匪浅，对此毋庸赘言。

总之，不正才起，当下就不安乐，之后也不会安乐。如傅玄道：“心为万事主，动而无节则乱。”（《傅子·正心篇》）故其害不可不畏，不正不可不除。

第三节 正心之法

要熄灭忿懥等四种不正，就必须先找到引发的原因，然后再一一对治。如此才是治本之法，今试析如下：

一、对治忿懥

忿懥就是嗔恨、发怒之意，它是不正之首，其危害最为严重，如所谓“一朝之忿，忘其身以及其亲。”（《论语·颜渊》）人在忿懥时，只想斗争而全无慈意，故忿懥对仁德的破坏最为直接且严重，应特别加以防治。以下就几种典型情况提出化解忿懥的思路，从中亦能举一反三。

1．见我的名利享受等被侵害而忿懥。这时应想到自己志在圣贤，名利等非我所求，故不应在意其得失。一旦执着松动，则忿懥自息。

2．因自己的观点、做法等被否定而忿懥。如果自己是错的，被人否定是理所应当，故不应忿懥。如果是对的而被否定，也不应忿懥，应“人不知而不愠”、“不患人之不己知”（《论语·学而》）。因为修道在于修己，但令心与道合，俯仰无愧，本不必人知。若才德不被见用，只需待机而为。如“用之则行，舍之则藏。”（《论语·泰伯》）“天下有道则见，无道则隐。”（《论语·泰伯》）亦不必愤世嫉俗。再者，即使就利他而论，也需修己以安人；若自己愤愤不平，令人畏而远之，又凭什么去利他？

3. 遭人故意损害而忿懥。这时应想到：对方亦本具明德，只是暂被私欲蒙蔽才自害害人。我既知此理，不仅不应愤恨，反而应该加以悲悯。就像遇到精神失常者骂我，精神正常的我不仅不应与他计较，反而应该怜悯他。否则，岂不显得我也不正常。对那些非礼者是否就一味听之任之呢？当然不是。这里的重点是先熄灭自身的怨气，继而仍可以出于治病救人之仁心，予以适当惩戒——如所谓“以直报怨”（《论语·宪问》），以免其继续为害。但若以教育对方为名，行发泄私愤之实，那就与仁相悖了。（在第十九章还会详述此理）

若对于自己的私心杂念难以容忍，将忿懥之能转为克己之力，这样的力量倒是应该长养的。

二、对治恐惧和忧患

心生恐惧，是因为困厄临身；心生忧患，是因为患得患失。君子却坦荡荡不忧不惧，其原因何在？如子曰：“内省不疚，夫何忧何惧？”（《论语·颜渊》）所以，根除忧惧的方法，还在于“内省不疚”。“内省不疚”的背后是“君子忧道不忧贫”“君子谋道不谋食”（《论语·卫灵公》）、“不义而富且贵，于我如浮云。”（《论语·述而》）有了这种生命重心的转移，外境已动他不得，这跟儿童玩具动不了成年人的心是一样的道理。

此外，儒家对命运自有一套观念亦足以安心。如孔子说他：“五十而知天命。”子夏说：“死生有命，富贵在天。”（《论语·颜渊》）《中庸》说：“故君子居易以俟命。”这里讲的天和命，并非指某个主宰，也不是指宿命，而是说福祸自有其规律。是以要避祸得福，就要恪守正道。只问耕耘，不问收获，当下就是安心处。否则忧惧无益，徒增痛苦。

如果对于自己在道业上的不足感到忧惧，继而自我鞭策，如“知耻而后勇。”（《中庸》）则这种忧惧却是有益的。若对自己的道业麻木无知，反倒不是好事。

三、对治好乐

这里所要矫正的好乐，是指那些于道有损的耽乐或癖好。如孔子曰：“益者三乐，损者三乐。乐节礼乐，乐道人之善，乐多贤友，益矣。乐骄乐，乐佚游，乐宴乐，损矣。”（《论语·季氏》）前三者于道有益，故要发扬；后三者于道有损，故需对治。

对治不良好乐先要认清其危害：如远离师友、蒙昧心智、荒废道业、虚度人生云云。认清之后就要诚心改之。最简单有效的方法就是，敬业乐群，常与师友相伴，使不良之好无机可乘，久之则无力为乱矣。

满腔怒火可能始自一点点不悦，腐化堕落可能始自一点点贪欲，故纠治不正，一定要在它刚露头时就迎头剿灭。如果对其苗头不善察觉，或察觉了却任其滋长，等问题严重了再去处理，那就像等火烧大了再去扑救，就不知要多付出多少代价了。

以要言之，不正之心虽有种种表现，但罪魁只有一个——就是私欲，私欲一动，心必失正。因此，要正心就要克服私欲。克私不能靠强压而要靠智慧，真正认识到——要为自己好，反而要净化私欲（至少先节制、淡薄）。无私欲者虽与众人同其见闻，却能在尘不染，洒脱自如，这是对“心不在焉，视而不见，听而不闻，食而不知其味”之另解（基于对《大学》这段原文的另一种断句）。不正者则反之，被私情摆布，常常忧戚万端。正心之乐唯心正者享之，故不可不以正心为所求也。

既得心正，其境界已高超常人，但或犹存偏辟之过。有偏辟则有系缚，并使仁德不周。为除偏辟，故当进学“修身”一目。

第十三章　修身

仁德的对立面就是私欲，要行仁就必须克服私欲。忿懥等种种不正固然属于私欲，属于要克服之列，而对不同人群的偏执——是从个人观感及偏好中来，难免有私情夹杂其中，故亦属于私欲，也在克服之列。修身一目正是为格除偏执而设。此处“修身”有所特指，并非指修心通义，对此需作区分。

第一节　偏辟障仁

人与人相处，必然形成恩怨亲疏等各种关系，如果偏执这些关系，就会被这种偏执所左右而出现“辟”的弊端。朱子说：“辟，尤偏也。”（《大学章句》）《大学》列举了偏辟的几种典型情况：“人之其所亲爱而辟焉，之其所贱恶而辟焉，之其所畏敬而辟焉，之其所哀矜而辟焉，之其所敖惰而辟焉。”分别解释如下：

一、亲爱之辟：对于所亲爱的人，因为亲情蒙蔽而无视其缺点错误，或者即使看见也不规劝，任其损害自他；或被亲情所拘，只关心少数而不关心多数，甚至为照顾少数，而牺牲大众的利益。

二、贱恶之辟：对于鄙恶者，只见他的坏处，不见其可取之处，或者即使看见也不以为然，只是一味地轻贱厌恶。于是，该帮助的也不帮助，该举用的也不举用。

三、敬畏之辟：对于居上位者敬畏过头，不能如君子那样“恭近于礼。”（《论语·学而》）由于分寸失当，遂成“恭而无礼则劳”（《论语·泰伯》），自己累，对方也累。又由于过于敬畏，以致沟通不达，产生误会，甚至带来不必要的损失。

四、哀矜之辟：对于所怜悯的人，固当同情但不至于姑息，应劝勉他自新、自立，否则悯之无益。

五、敖惰之辟。凭恃自己的优点骄矜凌人，这本身已失于仁厚。而骄傲障道，吃亏的还是自己。

《大学》又道：“故好而知其恶，恶而知其美者，天下鲜矣。故谚有之曰：‘人莫知其子之恶，莫知其苗之硕。’”足见天下不偏辟的人很少，这个毛病非常普遍。

有偏辟就有亲疏，有亲疏就有薄厚，有薄厚就不能中正裁物、一视同仁。因而，若想亲民无弊，必先突破偏辟。

第二节　纠治偏辟

要克服偏辟，不是硬要把亲人当路人、把路人当亲人，也即不是要否定人与人之间的相对关系，而是要克服对这些关系的偏执。为此，应该设法平衡、修正偏执的感受，以达到平等待物。克服偏辟的方法还在于思维，以下提出四个角度：

一、在本性上人人平等

孟子曰："人性之善也，犹水之就下也。人无有不善，水无有不下。"（《孟子·告子上》）孟子不仅认为人本性无别，而且本性皆善。所以人人值得教化，人人可以成圣贤，故不可轻弃一人。孔子有教无类，就是最好的典范。

二、在需求上人人平等

无一人不想离苦得乐。正如身为医生者，无一病人不当救治，而求为圣贤者，无一众生不当爱护，故不应厚此薄彼。如《弟子规》云："凡是人，皆须爱，天同覆，地同载。"

三、关系地位并非绝对

亲疏远近、高下尊卑都是相对的，会随着参照物和时空的不同而不同。例如：对我亲近的，对别人却是疏远的；对我疏远的，对别人却是亲近的；今天亲近的，他日变得疏远；今天疏远的，他日又变得亲近；所敬畏者并非不通礼数；鄙弱者也未尝不可自强；不如我者也未必处处不及……看清楚了亲疏等的相对性之后，就会削弱堕偏的主因——亲疏的绝对感。所以要消除偏辟，就要努力思维亲疏等的相对性。

四、好恶不必偏辟

偏辟是常人的习惯，如对所好的便不知其恶，对所恶的便不知其美。但也可以反向思维以扭转偏辟。例如：对所亲爱者愿其安乐，故不应偏袒，否则反而有损于他。如“爱之能勿劳乎？忠焉能无诲乎？”（《论语·宪问》）同理，对所贱恶者不愿其为害，故正应导之以温良敦厚；若贱弃敌视，岂不使他为害更甚。对所敬畏者担心获罪于他，故正应恭而有礼，做到无过无不及。对所哀矜者不忍其愚弱，故正应使其自新。有所敖惰凭的是自己有所优长，但骄者必下，故应倍加谦谨。如子曰：“如有周公之才之美，使骄且吝，其余不足观也已。”（《论语·泰伯》）

总之，感受是心的直觉反应。明德未彰者，其感受多有偏辟乃至谬误，所以不能“跟着感觉走”，要用智慧来衡准感受——正确的就要发扬，错误的就要摒弃。要用智慧激发符顺仁德的感受，再用符顺仁德的感受来助力智慧，使二者恰当配合则进道必速。

修身之功，使人虽身置亲疏，却意无偏堕，从而为普利大众做好铺垫，正好进修齐家等立人德目。

第五篇

亲民立人

导　语

如前所述，致知、诚意是学习各目的通则，格物、正心则是立己的主要德目，修身既是立己，又是在为立人铺平道路。

立己有成者已非平庸之辈。然而，立己之功如星，立人之德如月，有志者不应止于独善其身，更应推己及人、兼善天下，以期获得大成。

即使是想求一己自在者，也应该意识到：不事立人，自立也无法完满。其原因是：在立己过程中，虽然私欲得以格除，但其余习犹存，因此也不得全然无缚；还须在长期的立人过程中，经过淬炼打磨，才能将私欲残习彻底净化。就像坛子里的酒虽已倒空，但酒味还在，犹待长时洗刷才能完全去除。

所以，要想德无不至、过无不离，就必须再学习立人之法——“齐家、治国、平天下”。本篇的“第十四章齐家”、“第十五章治国”和“第十六章平天下”将分别对这三目展开论述。

第十四章　齐家

立人始于齐家，齐家就是要在家中行仁。齐家虽然在家但不囿于家，因为《大学》道："所谓治国必先齐其家者，其家不可教，而能教人者，无之。"一开始就指出，齐家是在为治国的大目标做准备。如果无此远瞻，就会在不知不觉中被局限在家室之内，从而失去了齐家的大义。

第一节　齐家之法

齐家之法因对象不同，分为孝、悌、慈三者。虽然方式有别，但都是出于仁义。以下分别说明其要点。

一、孝是对父母的行仁之法，第八章对此已作详述。不过，经由前面各目的学习，必然对父母念恩益深、报恩益切，报恩之法亦必大大深化，所以此孝非尽同彼孝。

功夫至此，一般的敬承奉养之孝自不待言，学人还定将所学的修身之道，教父母受用，以期能同沾法益，乐以忘忧。对大众尚应以道相亲，何况对于恩重如山的父母呢？

二、悌指敬爱，是对兄长等辈的行仁之法。敬爱父母是由于他们有养育之恩，敬爱兄长是由于他们亦为父母所爱。兄友弟恭则兄弟和悦，父母见之便欣慰无忧，所以悌也属于尽孝之法。如果兄弟纷争，令父母为难，那又怎么能算是孝呢？

又因为兄弟无猜，彼此信任，正可以将明明德之理相劝共勉，在的手足情上更加上道情，就可谓是悌之极致了。

三、慈是对子女等晚辈的行仁之法。为人父母者都不难体会一个慈字——包括了喜爱、给予、教导、支持、包容等多种内涵。慈是仁爱而非溺爱。要做到这一点，就必须以智慧去平衡和升华情感。既能为人之父母，又能为人之良师，这就是最胜之慈了。

以此三法齐家，则长幼各尽其分，各得其所。遂使亲有所安，兄有所助，子有所教，家和业兴而为邻里所称道。

又齐家之法通于家庭内外。在工作单位中，孝就是对待上级之法——尽忠职守，悌就是对待同事之法——团结互助，慈就是对待下属之法——关怀提携。在社稷层面，则如《大学》所谓："孝者，所以事君也；弟者，所以事长也；慈者，所以使众也。"因此，掌握了齐家之法也就掌握了治国之法的精髓，就可以"下学而上达了"。

第二节　心诚求之

立人比立己要难很多，分析起来主要表现在五方面：取得他人信心难、了解他人症结难、找到有效方法难、引导他人接受难、陪伴他人成长难。这"五难"在齐家时就会遇到，在治平时就更要面对。不克服这"五难"就无法真正立人，甚至会出现帮倒忙、与被帮者对立等事与愿违的情形。

齐家是立人之首，家比社会简单得多。如果在家里还不能突破这些难点，在社会上就更不可能，所以要先在家中练习。

要练习什么呢？《大学》举了一个关于“慈”的例子，从中可以看出突破“五难”的关键。《大学》道：“《康诰》曰：‘如保赤子。’心诚求之，虽不中，不远矣。未有学养子而后嫁者也。”女子是不可能先学会养孩子再出嫁的。那么，她们照顾只会哭闹的婴儿，靠的是什么呢？是靠“心诚求之”——一心扑在爱子身上，这样就能听懂他们的心声，及时给予体贴的照料；虽然做不到绝对正确，但也错不到哪里。

这个例子道出两个要点，足以克服“五难”：一是要有强烈的爱心——就像母亲对赤子之爱；二是在这个爱心的推动下，心诚求之——把心思完全放在对方身上，努力解决他的问题。这两样功夫都下到了，则无难不克。以之对待父母则中于孝，对待兄弟则中于悌，对待晚辈则中于慈，总之无有不中道者。

如果在这两点上太欠少，即使是家人也会成为熟悉的“陌生人”；彼此误解、对立的事真不算稀奇。

《大学》里以母亲爱子为喻，揣之还有一层寓意：仁是要给予快乐、拔除痛苦，而最典型、最完美的与乐拔苦之心，就是父母对爱子的那种“一心给他最好的东西、不忍他受一点点苦”的心情。以此心对待一切人，就是仁心的最高标准了。

第三节 齐家之效

《大学》说道："故君子不出家，而成教于国。"孔子亦曰："书云：'孝乎？惟孝友于兄弟，施于有政。'是亦为政。奚其为为政？"（《论语·为政》）故在家亦可为政。这是因为，以"孝、悌、慈"齐家，家中必有"父慈子孝、兄友弟恭"的和乐氛围。和乐家庭人人向往，既然向往就会效学齐家之法；所以一个家庭好了，就会渐渐影响到它的邻里乃至社区。按齐家之法在自己部门内处事，必能营造出和谐的工作环境；一个部门好了，就会渐渐影响到整个单位。照此类推，齐家之效绝不拘于一家。一个平民孝子可以感动中国，就是一个最好的例证。

如果君子既有齐家之德，又居君卿之位，其垂范之效则更速更巨。如《大学》曰："一家仁，一国兴仁；一家让，一国兴；一人贪戾，一国作乱。其机如此，此谓一言偾事，一人定国。""其机如此"是说上行下效，其原理本来如此。《大学》又引《诗》道："宜其家人，而后可以教国人"，"宜兄宜弟，而后可以教国人"，"其为父子兄弟足法，而后民法之也"。因此，即使是居官任职、统理一方者，也须率先齐家，定不可轻而忽之。

第十五章　治国

治国之道与齐家之法在本质上并无二致。然而家有亲情之系，国有秉公之则，而且国巨家微，治国比齐家需要有更宽厚的仁德、更卓越的智慧和更强大的勇气。身居庙堂者，担负着治国大任，故必学治国之道；志在圣贤者，以天下为己任，即使身为布衣，也有治国之义，故亦应学治国之道，以待时而用，或随宜行之。故学人当不以齐家为足，应更学治国之法。

第一节　絜矩之道

絜矩之道是治国乃至平天下的核心。絜是度量，矩是在画方形或在制作方器时所用的工具。制器时用矩来裁衡，器就不得不方。因而，器方不方的关键在矩不在器。同理，今欲使万民知义守礼，得以国治天下平，其关键在上不在下，上行则下效，这就是絜矩之道。

如《大学》道："所谓平天下在治其国者，上老老，而民兴孝；上长长，而民兴弟；上恤孤，而民不倍。是以君子有絜矩之道也。"为政者身居上位，其行为将垂范万民，成为其规矩。如果在上者以孝事亲，人民便会兴起孝顺；在上者以悌事长，人民便会兴起友悌；在上者体恤孤幼，人民便不弃寡弱。像这样上行下效，国家将不期而治，这就是君子治国的絜矩之道。另如“政者正也，子帅以正，孰敢不正。”（《论语·颜渊》）“其身正，不令而行。”（《论语·子路》）等等，讲的都是絜矩之理。

“老老、长长、恤孤”指出了该做的部分，而不该做的又如何呢?《大学》又云：“所恶于上，毋以使下；所恶于下，毋以事上；所恶于前，毋以先后；所恶于后，毋以从前；所恶于右，毋以交于左；所恶于左，毋以交于右。此之谓絜矩之道。”上下、左右、前后，囊括了与自己有关的所有人群。人群虽有不同，但相待的原则只有一个——“己所不欲、勿施于人”，这就是所用之矩。

《大学》又道：“诗云：‘乐只君子，民之父母。’民之所好好之；民之所恶恶之。此之谓民之父母。”所以，治国者应对“民之所好”好而行之，对“民之所恶”恶而绝之。就像父母会站在爱子的立场上行事，治国者也应站在万民的立场上为政，以“民之好恶”为矩。这与以“己所不欲”为矩是一样的，因为人同此心、心同此理。

秉持了絜矩之道，就不愁民之不附、国之不得，否则就会失民丧国。如《大学》所谓“道得众则得国、失众则失国”。亦如子曰：“为政以德，譬如北辰，居其所而众星共之。”（《论语·为政》）“上好礼，则民莫敢不敬；上好义，则民莫敢不服；上好信，则民莫敢不用情。夫如是，则四方之民，襁负其子而至矣。”（《论语·子路》）古今明鉴昭昭，除了絜矩之道，则更无治平之本。

将絜矩之道落实在用人和用财这两方面，又各有其要领，以下分别述之。

第二节　用人之道

治国有千头万绪，为君者不可能集众务于一身，必靠群臣辅佐方能完成。若以忠良之辈为臣，他们必能上体君心，下察民意，君臣同心而使国泰民安。若以奸佞之辈为臣，他们必然弄权营私，欺上瞒下，祸国殃民而使社稷唯危。所以在用人上秉持絜矩之道至关重要。

在人才举用上主要有两个指标：一是德行，二是才干。儒家的用人观如何呢？《大学》引了《秦誓》中秦穆公的一段话："若有一介臣，断断兮，无他技，其心休休焉，其如有容焉。人之有技，若己有之，人之彦圣，其心好之，不啻若自其口出，实能容之；以能保我子孙黎民，尚亦有利哉！"若有一位大臣，虽然没有什么才干，但心地纯诚，宽宏包容；见到他人多才多能，就像自己也拥有一样满足；见到他人俊美通明，自己就喜欢不已；他不只是在口中称赞，而是发自内心地容受且为之高兴。有这样的人做臣，必能广纳天下贤才为国效力，保护我子孙黎民的福祉，岂非有利于国。因此，能用德才兼备者固然最好，而当二者不可兼得时，也宁可任用那德厚才疏者为臣。因为其才虽疏，但国家却不愁无贤才可用。

敢不敢任用那有才无德之辈呢？《大学》道：“人之有技，娼疾以恶之；人之彦圣而违之俾不通。实不能容，以不能保我子孙黎民，亦曰殆哉！”那些不良之臣，心私量狭，妒贤嫉能，而且常常从中作梗，致使贤才受挫，小人得志，必使国家陷入危殆。

对那些佞臣应该怎么处理呢？《大学》接着道：“唯仁人，放流之，迸诸四夷，不与同中国。此谓唯仁人，为能爱人，能恶人。”指出唯有那仁德之君，裁断公明，处置果决，必将这类奸佞驱诸四夷以绝后患。又云：“见贤而不能举，举而不能先，命也；见不善而不能退，退而不能远，过也。”怠慢贤人和姑息不善，这些都是过失，因为不仅误国误民，而且还给人以错误的示范。

如果佚欲徇私，违背民心而近谄远贤，那就一定会败国亡身。如《大学》云：“好人之所恶，恶人之所好，是谓拂人之性，灾必逮夫身。”

孔子也说：“举直错诸枉，则民服；举枉错诸直，则民不服。”（《论语·为政》）民服则安，不服则乱，乱必及身。所以一定要用人唯贤、罢黜不贤。

《资治通鉴·卷第一》对用人有一段全面总结：“才德全尽谓之圣人，才德兼亡谓之愚人，德胜才谓之君子，才胜德谓之小人。凡取人之术，苟不得圣人、君子而与之，与其得小人，不若得愚人。何则？君子挟才以为善，小人挟才以为恶。挟才以为善者，善无不至矣；挟才以为恶者，恶亦无不至矣。愚者虽欲为不善，智不能周，力不能胜，譬之乳狗搏人，人得而制之。小人智足以遂其奸，勇足以决其暴，是虎而翼者也，其为害岂不多哉！夫德者人之所严，而才者人之所爱。爱者易亲，严者易疏，是以察者多蔽于才而遗于德。自古昔以来，国之乱臣，家之败子，才有余而德不足，以至于颠覆者多矣，岂特智伯哉！故为国为家者，苟能审于才德之分而知所先后，又何失人之足患哉！”

第三节　财用之道

用今天的话来说，政治、经济是国家内政的两大主题。用人之道属于政治，财用之道则属于经济。儒家虽然强调“自天子以至于庶人，壹是皆以修身为本。”（《大学》）但绝不忽视经济基础的建立。如孔子见卫国人口众多，叹曰：“庶矣哉！”冉有随问：“既庶矣，又何加焉？”曰：“富之。”曰：“既富矣，又何加焉？”曰：“教之。”（《论语·子路》）可见孔子也认为要先富民，然后再教之以礼义。否则，庶而不富或富而不教，都不能长治久安。

然而，解决财用并非只为民生，其中仍蕴含着絜矩之道：

一、以义为利

孔子的“先富之、次教之”，已指出了解决财用问题是过程，不是目的，因为对人有大益的是义不是利。如《大学》道：“国不以利为利，以义为利也。”即利而轻利求义，这是总则。

为政者权柄在握，手中掌管着一方乃至一国的资财货利，若不能恪守明德亲民的初衷，就很容易为私欲所使而萌生贪意。所以应常忆初衷，莫在义利上犯糊涂。若上位者将义利本末倒置，下位者就会效学，也纷纷争财夺利，如“外本内末，争民施夺”。然而，“财聚则民散”，必致天下大乱，国将不国。亦如孟子对梁惠王说：“王曰：‘何以利吾国？’大夫曰：‘何以利吾家？’士庶人曰：‘何以利吾身？’上下交征利，而国危矣！”（《孟子·梁惠王上》）

二、勿用聚敛之臣

为国者自身固不应重利轻义，还要防止谬用所谓的“聚敛之臣”。这类人贪得无厌、聚敛成性，或为据为己有，或为媚上希宠，专以侵民夺利为能事，遂使百姓怨声载道。他们对民心和国家伤害之深，比那暗吞公财的盗臣还要严重。如《大学》道：“与其有聚敛之臣，宁有盗臣。”如果宠用了这些人，使之得以“长国家而务财用”，将“灾害并至，虽有善者，亦无如之何矣。”各种天灾人祸将纷然并至，虽有上善高贤出世，也回天无术了。

三、生财有大道

怎样使国家财用丰足呢？《大学》道：“是故君子先慎乎德。有德此有人，有人此有土，有土此有财，有财此有用。德者本也，财者末也。”所以为人君者，当以修身为本、聚财为末。聚德于身而散财于外，将“财散则民聚”，万民自然归附；得了万民之心，就得了万民之土，得了万民之土，就得了土中之财，这样国家岂无财可用。所以但得其本，不愁其末。故智者“惟善以为宝”、“仁亲以为宝”。既然是宝，自会生出美好的东西。反之，若不以道得之，即便苟得还将失去，如“货悖而入者亦悖而出”，“道善则得之、不善则失之。”悖入者悖出，只是迟早的事。

以上是明其根本。关于操作方法，《大学》又曰：“生财有大道，生之者众，食之者寡，为之者疾，用之者舒，则财恒足矣。”这里指出生财的三大要则：一是“生之者众，食之者寡”，一方面让更多人投入生产，一方面裁减庸员，避免虚耗。二是“为之者疾”，差役百姓时机要恰当，时间要尽量缩短，以不误农事为度。三是“用之者舒”，支出要有节度，必使库藏常常宽裕。这样便财用恒足，无匮乏之虞。孔子亦曰：“道千乘之国，敬事而信，节用而爱人，使民以时。”（《论语·学而》）亦同此义。

絜矩之道实乃治国真经，以之用人则政通人和，以之生财则国富民丰。若国家文盛物美，在外交上亦必立于不败。时跨两千五百年，世界已饱经沧桑，然而，古人的治国之法又何尝过时啊！

第十六章 平天下

家国犹有疆界，天下则无所不包。以天下为量行仁，视天下无一人不当爱，无一人不当教，这就是平天下。故欲平天下，先平其心——虽家国有界，但仁爱无疆。又须随宜应物，心无执碍，一如子曰："君子之于天下也，无适也，无莫也，义之与比。"（《论语·里仁》）又如孔子异于伯夷、叔齐等贤人之处，亦在于他"无可无不可"（《论语·微子》）——用行舍藏，不拘一格。正因为如此，孔子才能在诸侯纷争、礼乐崩坏之际，犹能游化天下而有教无类。其他贤者虽贤，却各有偏倚而行有不逮，这正是贤人不及圣人处。

第一节 大同世界

平天下不是要称霸天下，而是要使天下太平，成为所谓大同世界。《礼记·礼运》里记载了孔子心目中的大同世界："大道之行也，天下为公，选贤与能，讲信修睦。故人不独亲其亲，不独子其子，使老有所终，壮有所用，幼有所长，矜、寡、孤 、独、废、疾者皆有所养；男有分，女有归。货恶其弃于地也，不必藏于己；力恶其不出于身也，不必为己。是故谋闭而不兴，盗窃乱贼而不作，故外户而不闭。是谓大同。”孔子认为夏、商、周三代都曾出现这样的大同盛世，并感叹自己不曾亲逢。所以在孔子看来，大同世界并非虚构。

孔子对当时的乱世也有一段描述：“今大道既隐，天下为家。各亲其亲，各子其子，货力为己。大人世及以为礼，城郭沟池以为固。礼义以为纪，以正君臣，以笃父子，睦兄弟，以和夫妇，以设制度，以立田里，以贤勇知，以功为己。故谋用是作，而兵由此起。”乱世中虽然也讲礼义，但已沦为缺乏仁德内涵的纲纪条规，被用来约束别人以维护自身的利益。

这两种世态的根本差别在于：是以天下为公，还是以天下为家。大道行时天下为公，人人无私而我为天下；大道没时天下为家，人人谋私而天下为我。故此处所谓大道，仍指格私兴仁之道。平天下就是将人人都置于此道。

第二节　九经治世

目标有了，如何达到呢？《大学》只道一语：“平天下在治其国”，意指能平天下在于能治其国，因为二者原理无差，发挥治国之法于天下，就能使天下平。

《中庸》则阐述得比较详细，将治平之法归纳为九点：“凡为天下国家有九经，曰：修身也，尊贤也，亲亲也，敬大臣也，体群臣也，子庶民也，来百工也，柔远人也，怀诸侯也。”

施行九经的效果分别是：“修身，则道立；尊贤，则不惑；亲亲，则诸父昆弟不怨；敬大臣，则不眩；体群臣，则士之报礼重；子庶民，则百姓劝；来百工，则财用足；柔远人，则四方归之；怀诸侯，则天下畏之。”

实践九经的方法分别是：“齐明盛服，非礼不动，所以修身也；去谗远色，贱货而贵德，所以劝贤也；尊其位，重其禄，同其好恶，所以劝亲亲也；官盛任使，所以劝大臣也；忠信重禄，所以劝士也；时使薄敛，所以劝百姓也；日省月试，既禀称事，所以劝百工也；送往迎来，嘉善而矜不能，所以柔远人也；继绝世，举废国，治乱持危，朝聘以时，厚往而薄来，所以怀诸侯也。”

这九经全面、精辟地概括了己立、立人的关键。掌握这九经时，有两个角度特别值得注意：

一、从次第的角度

九经的次第与己立、立人次第相符。起首之“修身”在正己，是一切功业之本；要“修身”就不可不“尊贤”——与贤者为伍以正其身。可见“修身、尊贤”涵盖了亲仁等立己德目。

其余七经则与齐家、治国、平天下的次第一致：其中，“亲亲”主于齐家；“敬大臣、体群臣、子庶民、来百工”主于治国，特别是合于“絜矩之道”，以及其下的“举用、生财”之法；“柔远人、怀诸侯”则主于平天下，重在行仁致远。孟子亦云："天下之本在国，国之本在家，家之本在身。"（《孟子·离娄上》）显然也是继承了这套经法。

二、从作用的角度

就平天下而言，从修身到来百工这七经发挥着间接作用，柔远人和怀诸侯发挥着直接作用。前者虽属间接却效用匪浅，理由是：

1. 君子无论是对己对人、对家对国，都能居仁由义，遵礼而动，其道德的馨香定能流芳天下，而且传播得很快。如"孔子曰：'德之流行，速于置邮而传命。'"（《孟子·公孙丑上》）道德的流行，比靠驿站接力传令还快。德香所至，能使闻者感动，于是纷纷耻恶向善。

2. 又若天下之人见闻了身修、家齐、国治的美好景象，就不再认为"以礼让为家"乃至"以礼让为国"为不现实，于是便纷纷崇尚效学。

3. 家齐国治，争息弊除，使人民得以安居，贤才得以施展，百业得以兴旺。四方人民虽身不能至，而心向往之。既得万众归心，即如已得天下，正可以导之以德，齐之以礼，使人民都归于仁厚。

柔远人和怀诸侯则直接恩加四海，使天下之人念其恩而遵其教，平天下之效自不待言。所以可以用"仁行天下、天下归仁"来概括平天下的精髓。

第三节 天下归仁

孟子对天下归仁的道理阐发得非常透辟。如曰：“三代之得天下也以仁，其失天下也以不仁；国之所以废兴存亡者亦然。”“民之归仁也，犹水之就下，兽之走圹也。”“今天下之君有好仁者，则诸侯皆为之驱矣。虽欲无王，不可得已。”（《孟子·离娄上》）上至诸侯、下至百姓，没有不被仁德所征服的。

又云：“乐民之乐者，民亦乐其乐；忧民之忧者，民亦忧其忧。乐以天下，忧以天下，然而不王者，未之有也。”（《孟子·梁惠王下》）如果唯以民之乐忧为虑，则不会不成为统领天下者。

又云：“人皆有不忍人之心。先王有不忍人之心，斯有不忍人之政矣。以不忍人之心，行不忍人之政，治天下可运之掌上。”（《孟子·公孙丑上》）不忍他人之苦，这正是仁心的特质。若具此仁心，则治天下如在掌中。

又云：“尊贤使能，俊杰在位，则天下之士，皆悦而愿立于其朝矣；市，廛而不征，法而不廛，则天下之商，皆悦而愿藏于其市矣；关，讥而不征，则天下之旅，皆悦而愿出于其路矣；耕者，助而不税，则天下之农，皆悦而愿耕于其野矣；廛，无夫里之布，则天下之民，皆悦而愿为之氓矣。信能行此五者，则邻国之民，仰之若父母矣。率其子弟，攻其父母，自生民以来，未有能济者也。如此则无敌于天下。

无敌于天下者，天吏也。然而不王者，未之有也。”（《孟子·公孙丑上》）做到尊贤爱众，则没有不得天下的道理。

得天下又有霸道与王道之分。孟子云：“以力假仁者霸，霸必有大国；以德行仁者王，王不待大；汤以七十里，文王以百里。以力服人者，非心服也，力不赡也。以德服人者，中心悦而诚服也，如七十子之服孔子也。”（《孟子·公孙丑上》）霸道以力服人，则人心不服；王道以德服人，则人心悦而诚服。平天下靠的是王道而不是霸道。

王道中虽亦有“汤放桀、武王伐纣”之事，但是，那是为铲除贼仁害义、荼毒生民的少数，而且正显示了王道中大仁大勇的精神。如孟子道：“一人横行于天下，武王耻之，此武王之勇也。而武王亦一怒而安天下之民。今王亦一怒而安天下之民，民惟恐王之不好勇也。”（《孟子·梁惠王下》）

若要仁行天下，行仁的力道必须能够远达天下。有齐家、治国之仁，未必有平天下之仁。所以，须在一家一国之上，将明德亲民之力无限拓展，直至如天覆地载而后已，那时也就到了圣人的境界。

孔子降世于礼乐不行、众贤退避之际，他虽有王者之德却不曾王于天下。然而他“知其不可而为之”（《论语·宪问》），除在五十一岁任鲁国的中都宰，五十二岁升任司空，同年至五十四岁又任大司寇以外，都是在以布衣之身行教。其行仁之力能穿越百代而不堕，泽被八荒而不竭，却胜似平天下。后代学人无论德能大小，地位高低，皆应仰效孔子，素其位而观天下，以生民福祉为所求也。

第六篇

进阶关要

导 语

第二篇阐述了修身总纲，第三篇至第五篇阐述了从基础到顶层的各个子目。至此，修身之法的轮廓与次第，已经和盘托出。

为了突显主线，避免喧宾夺主，还有若干用功要领与通则，在前篇中，或未述及，或述之不详。今在本篇中将其单列成章，再一一详阐。

其中“第十七章利而行之”，主要讲述如何策发进学的意愿；“第十八章仁成于心”，主要讲述修道是得之在心不在外；“第十九章天降大任”，主要讲述如何面对困境；“第二十章自强不息”，主要讲述如何突破怯弱、保持心力等等；“第廿一章日课三则”，则提出即浅即深的三门日常功课。

把这些通则运用于前面各目，将大有功于克服困难，提升心力，必使为学益深，而进德益速。

第十七章　利而行之

修道就是要改过迁善，其况如逆水行舟，必须勤勇奋进方可。勤勇背后一定要有强大的意愿作支撑，而强大的意愿，来自对修行之利与不修之弊的深刻认识。反推回去，若先对修与不修的利弊有了深刻认识，就能使人勤勇修道，这就是利而行之的道理。本章将细辨此理，以利学人能善加运用。

第一节　三种根器

《中庸》在论及学人对道的领悟力时说道："或生而知之，或学而知之，或困而知之，及其知之，一也。"在论及对道的实践力时又说道："或安而行之，或利而行之，或勉强而行之，及其成功，一也。"故在知、行两方面，都存在上中下三种根器。分析起来，他们彼此之间也存在着一定的对应关系：

上等根器者对仁德之理，才闻之下便能笃信躬行，一如天性使然，故属于"生而知之"且"安而行之"者。

中等根器者在初期，虽理有不明、行有不达，但他们好问勤学，深明利害，故能"学而知之"；随后，为趋利避害而寡过修德，又能“利而行之”。

以上道理也见于“仁者安仁，知者利仁。”（《论语·里仁》）“仁者安仁”即指上根之人。上根者毕竟是少数，“非颜、闵以上，去圣人为不远，不知此味也。”“知者利仁”则指中根之人，他们对道“深知笃好而必欲得之。”（《论语集注·里仁》）先“深知笃好”，后“必欲得之”，这就属于“利而行之”了。

下等根器者或因骄慢，或因畏苦怕难，或因认识不足等不能向道。不能向道便蹈于非道，势必常常困顿。困久思变，就不得不返身问学，所以是“困而知之”；又道理虽已明白，奈何习染深厚，往往进一退三，必须勉力强为方可，所以要“勉强而行之”。

三根之判都是对有心想学的人而言的，至于那些对道始终不闻不问的人，连下等根器都不算。如孔子曰：“生而知之者上也，学而知之者次也，困而学之，又其次也。困而不学，民斯为下矣。”（《论语·季氏》）

第二节　以利劝仁

上等根器的人总是少数，中、下根器人占绝大多数，所以中、下者如何学习，尤其值得研究。

中根者学知利行，下根着困知勉行。他们的差别在于：前者从一开始就是主动的，后者在屡陷困顿后才想要学习，所以最初是被动的。然而，二者所学的内容并无不同，无外乎“做什么”、“为何做”以及“怎么做”这三项。其中的“为何做”就是在讲利害，全靠它来激发学习的动力。

至于上根者，或者生来就有不凡之志，或者只需略略启发即能入道。但为了垂范中下根者，他们有时也隐其实德，一如中下者而走利而行之的路子。

利而行之合乎人趋利避害的本能。若见到行仁之利与不仁之害，就会汲汲于仁而怯怯于不仁，这就是利而行之的原理。如王阳明说：“人须有为己之心，方能克己，能克己，方能成己。”（《传习录·薛侃录》）想通了“克己”其实是在“利己”，则无人不愿克己。凡是于行仁无好乐者，都是由于尚未深明利害。又即使是上根之人，若能再深思利害，其为仁将更勇更速。故利而行之实乃自行化他之一大法宝。

“道之以德、齐之以礼”（《论语·为政》）是治世总则，其中的“道”字，既有以身垂范，也隐含着以利劝导的意思。因为于道有得谓之德，若得之无利，别人怎肯听劝？既要道之以德，必先使人明白得之有利。如果缺少这个环节，只是“齐之以礼”——把一堆道德标准强加于人而令人就范，想当然地认为“你应该照办”的话，这并不能让人产生自觉，而被迫去做也是做不长久的。

强调利而行之，并不否定养成教育的价值，尤其是对于童蒙少年。因为他们还不具备深辨利害的能力，所以先不必跟他们讲太多道理，而先教其养成良好的习惯。若不养成好习惯就会养成坏习惯。然而，随着他们智力渐开，就应该及时授予正确的利害观。

第三节 以何为利

利而行之之利是指什么呢？一言蔽之就是快乐。儒家谈及的快乐分为主次两个层面：圣贤内心源源不断的自在和喜乐是主要层面，它已经超越了身体和外环境的影响。例如孔子的“学而时习”之乐，“乐以忘忧，不知老之将至云尔”之乐，颜回的虽箪食瓢饮而“不改其乐”之乐，又如《中庸》所谓的“君子无入而不自得焉”的洒脱状态，又如孟子所谓的“反身而诚，乐莫大焉。”（《孟子·尽心上》）这些内涵在前文中已多次谈到，这里不再赘言。

次要层面的快乐或者利益，则来自外在的人事物，例如别人对自己的好感。如王阳明道；“为善则父母爱之，兄弟悦之，宗族乡党敬信之，何苦而不为善为君子？”反之，“为恶则父母怒之，兄弟怨之，宗族乡党贱恶之，何苦而必为恶为小人？”（《教条示龙场诸生》）利害显然，智者自知取舍。

除此之外，修身还有利于获得福禄名位。儒者虽不重物质，但也并非一概不谈。如孔子教子张曰：“言寡尤，行寡悔，禄在其中矣。”（《论语·为政》）《中庸》亦云：“故大德必得其位，必得其禄，必得其名，必得其寿。”孟子亦云：“祸福无不自己求之者。《诗》云：‘永言配命，自求多福。’太甲曰：‘天作孽，尤可违；自作孽，不可活。’此之谓也。”（《孟子·公孙丑上》）“古之人修其天爵，而人爵从之。”（《孟子·告子上》）又如《易·坤卦》云：“积善之家必有余庆，积不善之家必有余殃。”“善不积，不足以成名；恶不积，不足以灭身。”《尚书·伊训》中云：“作善降之百祥，作不善降之百殃。”又如《左传·襄公二十三年》中云：“祸福无门，唯人所召。”等等。

既然追求心灵提升是儒家的主轴，那只讲内心喜乐之利就可以了，为什么还要谈人际关系和福禄名位呢？这有几方面的理由：

一、修身获福、本来如此

忧戚等内心之苦与贫贱等外在之苦，虽有本末深浅的差别，但都是人之所不欲者，所以都应设法消除。既指出学而时习为乐，又指出德修福至的规律，正说明学道能兼除二苦、兼得二利，故不应片面认识习仁之效。对那些淡泊名利、专志修身的士君子来说，因为他们克己有成，其言必为世人所信，其德必为世人所仰。因此，只要他们不欲避世，则必得“位、禄、名、寿”。故求乎其上者，亦兼得其下。不过若是真儒者，不论得与不得，他们已志不在此。

二、因材施教

对于有些人来说，他们觉得心灵快乐难以企及，甚至也难以理解，以致对习仁没有兴趣，反而乐做小人乃至滑向不仁。然而，这些外在利益直观易见，而且往往更具吸引力。为了引导这些人转身向道，就不能只讲心灵。否则，他们不仅得不到上等利益，就连下等利益也无缘获致了。

谈福禄之利与教人格物之间是否矛盾呢？是不矛盾的。因为格物是要格除对现前物质享受的贪着，而这里所谈的福禄之利是长远大利。要得到长远大利，反而要不贪眼前小利。就像为了将来能赚大钱，现在要先舍小钱。这看似相违，实则相顺。事实上，若心不善、行不端，不仅对长远不利，而且对眼前也不利，如子曰："人无远虑，必有近忧。"（《论语·卫灵公》）

三、助成事功

明德还要亲民，内修还要外治。要治国平天下，如果能拥有广大的朋翼与财位，就更容易成办大业，内圣外王就是最完美的状态。所以，兼获事功并不违背"欲明明德于天下"的初衷，反而有助于实现这个理想。

不过，从耕耘到收获需要有一个过程，行仁之利也并不一定在短期内就能见到。甚至在习仁之初，因为要与习气拉拔、用功不熟、别人不理解，以及要补偿以往过失等等，还会特别辛苦。故当此时，一定要有正确的判断——路没有走错，只是开头不好走而已；坚持走下去就会渐入佳境，亲证圣人之言为不虚也。

第十八章　仁成于心

仁者必欲立人、达人而后已。故其仁心沛然莫之能御，遂有种种仁爱之言行：或教化垂范、诲人不倦，或辅佐君王、夙夜匪懈，或制礼考文、经纶天下等等。但孔孟之道的主体毕竟是心法，学习心法的成功却是在里面不在外面。若把握不住这一根本，就很容易舍本逐末，买椟还珠，所以必须熟悉成仁于心这个要则。

第一节　德者得也

朱子说："德者，得也，得其道于心而不失之谓也。"（《论语集注·述而》）所以，德是修道的心得，并不是形之于外的东西。就像通过习琴而拥有了琴技，但这个琴技不在琴上，也不在手上，而在心上；又如就琴师而言，不论他是否正在弹奏，都可以说他拥有琴技。同样地，有德者无论见不见事功，都可以说他有德。

然而，弹得好的人必有琴技，但有事功的人却未必有仁德。如子曰："有德者必有言，有言者不必有德；仁者必有勇，勇者不必有仁。"（《论语·宪问》）又如孔子评价几个弟子道："由也，千乘之国，可使治其赋也。不知其仁也。”“求也，千室之邑，百乘之家，可使为之宰也。不知其仁也。”“赤也，束带立于朝，可使与宾客言也。不知其仁也。”（《论语·公冶长》）可见仁德与这些才干之间并无必然的联系。

不仅如此，即使有楚国令尹斗子文在宰相位上，虽三上三下也不形喜怒之“忠”，齐国大夫陈文子宁舍官位也不与逆臣为伍之“清”，孔子亦不轻易许之为仁（《论语·公冶长》）。因为不知前者是否有饰己修名之意，后者是否有愤俗自高之意。此二皆出于己私，若夹杂其中又岂可谓仁。

又有人问孔子：“克、伐、怨、欲不行焉，可以为仁矣？”抑制了“好胜、自矜、忿恨、贪求”，可以算是仁吗？子曰：“可以为难矣，仁则吾不知也。”（《论语·宪问》）孔子说这虽然难能可贵，但也不能就认为这达到了仁，因为这可能只是暂时压伏，而私欲之根尚在，犹然蠢蠢欲动，他日不免现行依旧。

《尚书·多方》云：“惟圣罔念作狂，惟狂克念作圣。”孟子云：“欲知舜与跖之分，无他，利与善之间也。”（《孟子·尽心上》）足见德之有无、凡圣之别，不在外表，唯在心念。

依据此理，虽说君子不是不需成事，也不是不顾形表，但尤当以寡过进德为要务。若能如此，虽事有不遂、名有不誉，亦不妨于道有得，于道有得就可以无怨无悔了。如子曰：“求仁而得仁，又何怨？”（《论语·述而》）一旦昧于此理，便会汲汲于事功，惶惶于人言，心思走上歧路。

鉴于此，对各目重心再略为提点：亲仁在于依教奉行，不可阳奉阴违；立志在于事事归宗，不可迷失方向；孝亲在于爱敬顺承，不可只养口体；格物在于知欲非乐，不可将身宠物；致知在于抉择善恶，不可专好文句；诚意在于择善笃行，不可浅尝辄止；正心在于涤除私蔽，不可故作姿态；修身在于平等无偏，不可执取亲疏；齐家在于敬长爱幼，不可曲从用情；治国在于絜矩万民，不可重利轻义；平天下在于仁爱无疆，不可借之以壮大自我。

总之，得仁在心，不在功业。即使圣人仁德备至，也不妨世上尤有不仁不义之乱象。否则，就连孔老夫子也不算达标。然而，孔子至圣至仁，这是举世公认的。

究实说来，仁者所要“立人、达人”之处，正是这修心成仁本身。仁者自己成就的是这个，要教人的也是这个，学人要学的当然也是这个，除此之外就再没有别的了。

强调成仁于心的同时又必须指出：仁德虽非事功，但必须历事以长养。若专好离群独思，缺少外界的触碰启发，势必对道理体悟不深，对自身也缺乏了解，修行的力道亦无从锻炼。如《中庸》云：“道不远人。人之为道而远人，不可以为道。”这分明指出，离开具体的人事物则无以为道。如有门人问阳明先生：“静时亦觉意思好，才遇事便不同，如何？”答曰：“是徒知静养，而不用克己功夫也。如此，临事便要倾倒。人须在事上磨，方立得住，方能静亦定、动亦定。”（《传习录·陆澄录》）因此，既不可只做事而流于俗套，又不可只论道而落入空谈。曾子曰：“吾日三省吾身：为人谋而不忠乎？与朋友交而不信乎？传不习乎？”（《论语·学而》）这就是历事修身最好的例子。孔门师徒毕生都在深入的社会实践中讲习授业，也充分显示了要即事而修的道理。

第二节　欲仁斯至

既然仁德建立于内心，所以仁德不假远求。如子曰：“仁远乎哉？我欲仁，斯仁至矣。”（《论语·述而》）

故大道至简，只在于管好当下这一念，务必要它弃恶从善。上一念已经过去，下一念还没有来，所以用功只能在当下，也必须在当下。随着这念念之功的积累，功夫就能成片。若再接再厉，终有善念不提而提，乃至“从心所欲而不逾矩”的那一天。

从《论语》中可以略窥先贤持心用功的情形。如子曰：“回也其心三月不违仁，其余则日月至焉而已矣。”（《论语·雍也》）孔子说颜回功夫最好，可以保持三个月不滑落，其他人或能保持一天，或能保持一月而已。又如子曰：“君子无终食之间违仁，造次必于是，颠沛必于是。”（《论语·里仁》）君子即使在吃饭的过程中，也不会冒出违仁的念头；即使在匆忙仓促之际，在颠沛流离之际，也能把持正念。相较之下，常人在饮食时只知口味，在仓促时只有慌乱，在颠沛时只有愁怨，君子却能念兹在兹，足见其用功之坚固与绵密。

初学者习仁，不免非昏即乱，非疑即怠，功夫旋进旋退。不要说在一天内不违仁，就是连一分钟都难以把持。因为此心被私欲驱使已久，惯性大得很。不过无须气馁，因为这只是一段必经的过程。只要屡败屡战，功夫就越来越稳健。子曰："有能一日用力于仁矣乎，我未见力不足者！"（《论语·里仁》）孔子认为在一日当中，妄念起来就截断它，正念掉了就再提起来，这种能力无人不有，只看肯不肯用。如果今天如此，明天如此，后天也如此，天天如此，哪有不成功的道理？

《中庸》又道："好学近乎知，力行近乎仁，知耻近乎勇。"好学者、力行者和知耻者都尚未成功，但因为好学、力行和知耻，就靠近了三种达德，亦可谓有其一分。又如子夏曰："博学而笃志，切问而近思，仁在其中矣。"（《论语·子张》）这也是在告诉我们：只要专致务学，则妄念不得纷驰，将不期仁而仁已自来其中了。古人这些话并非宽泛之辞，道理也确实如此：因为无论若智、若仁、若勇，虽说都是圣人毕之、学人始之，圣人安之、学人勉之，但都是其量有殊、其质无别；即使是入道初心，也与圣人至德同一体性。譬如，溪流虽不比江河之阔，但同为水也。学人会得此理，便能常常自庆而踊跃前行矣！

第三节　安而能虑

关于修心之轨，《大学》里还有一段要义："知止而后有定，定而后能静，静而后能安，安而后能虑，虑而后能得。”知止是知所当止——当止于至善。以止善为志，行为就有了定准，便能以礼约身，改过修德。随着过错日减，德行日增，身心也渐趋寂静。在此基础上更加专致打磨，就能摆脱粗重，引生轻安；处在轻安中，则身心适悦，调顺自如。然而，不应以此为足，应乘此轻安之力正好深入，对所学众理再一一深虑谛观，始能穷理尽性、彻达仁旨，至此才可谓正“得”。此前虽得，但只是近似而已。

正得与近似之得，其差别首先表现在清晰程度上：譬如在夜晚秉烛观画，若想看得真切，需要两个条件：一是无风扰动，二是烛火明照，二者缺一不可。静、安如无风，深虑如烛照，此二俱备，则所见朗朗无谬，故曰正得。若以散乱心思量，则如风烛摇曳，虽非全然不见，但只见得依稀仿佛，故曰相似之得。另就力道而言，前者深而持久，后者浅而易退。所以将“得”置于“安、虑”之后，是有其理由的。

凭此寥寥数语用功是远远不够的。但遗憾的是，在《大学》及其他儒典中，未见对静、安、虑等有更多说明。后代的阳明先生专倡心学，对摄心观照之理证悟极高，但多用随机直指，要门人当下契悟，故对一般学人而言亦无具体范式可循。不过，佛门中有止观之学。其中的“止”（亦名定学、静虑、奢摩他等）是指专注一境（与“知止”之“止”不同），与“静、安”相类；“观”（亦名慧学、般若、毗钵舍那等）是指在得止的基础上深观义理，与“虑”相类；

“止观双运”则与“得”相类。佛教对止观之法均有详细阐述，有兴趣者不妨援以为助。

实际上，能“知止而后有定”者已不算多，达到“静、安、虑”者则更为稀有，因此缺乏理论指导这一问题并不突出。然而，专注力与思辨力却是从一开始就要培养的。所以“静、安、虑”等上上之学，眼前也是有其下手处的。

第十九章 天降大任

以天下为己任，不可不谓大任。要担得起这个大任，就必须经过一番磨砺。孟子曰："故天将降大任于是人也，必先苦其心志，劳其筋骨，饿其体肤，空乏其身，行拂乱其所为，所以动心忍性，曾益其所不能。"（《孟子·告子下》）能在拂逆中坚定求仁，不仅要靠勇气和毅力，更要靠智慧、靠思路。本章将对此展开论述。

第一节 功成必由

无论是求学还是实践，是内修还是外弘，都不可能一帆风顺，各种困难会纷至沓来。有的来自自身，如身心劳顿、资财乏匮等等；有的来自外部，如他人伤害、环境动荡等等；还有的来自内部磨合，也让人倍感辛苦。特别是在竞争激烈、人心浮躁的今天，要修身行仁更显得困难重重。

然而也并非今天才如此，古来圣贤无不在困苦中磨炼过。如"舜发于畎亩之中，傅说举于版筑之间，胶鬲举于鱼盐之中，管夷吾举于士，孙叔敖举于海，百里奚举于市。"（《孟子·告子下》）孔子少时也吃过很多苦，如子曰："吾少也贱，故多能鄙事。"（《论语·子罕》）及至他游化列国，也多遭困厄，以致被讽为“累累若丧家之狗”（《史记·孔子世家》）；孔子在陈绝粮，险些被饿死；在宋国孔子被桓魋追杀，不得不连夜逃走……

“宝剑锋从磨砺出，梅花香自苦寒来 。”事实证明，逆境不仅锻炼人的心志，而且在逆境中行仁更具有影响力，并且逆境越强，影响力也越深远——可以穿越时空而影响世世代代。

认清了这些道理，学人就不必期待事事顺意，而应视逆境进道为常事。有了这一心理建设就有了底气，就可以顶盔挂甲以应万敌——当逆境到来时迅速转向对心的修炼。习惯于这个思路非常重要。

第二节 逆来不忧

有了面对逆境的勇气，还要掌握在逆境中调心的方法。

常人一向喜欢顺境，不喜欢逆境。逆境必然伴随着困苦，人遇到困苦的第一反应就是不悦，接下去就是忧愁，再下去就是恼恨甚至是害意。要改变这种常态，第一步、也是关键的一步就是：遇到困境先一改不悦。不悦的原因在于——认为这回又遇到了倒霉事。因此，要消除不悦，就要客观地认识到困苦的特殊价值。以下列举几个思考角度：

一、没有困苦的策逼，人难免会安于现状而不事问学，或虽事问学却无心深入，致使光阴虚耗，良机错过。若困苦临身，困则思改，不容再因循苟且。所以，困苦有谏修劝学之

功。如孟子曰："人恒过，然后能改；困于心，衡于虑，而后作；征于色，发于声，而后喻。"（《孟子·告子下》）

二、困苦逼身使人无从傲慢，只得虚心求教。所以，困苦有降服傲慢之功。而傲慢是为学的头等大敌，除之岂不庆快。

三、既然困窘加身，就不能说跟自己无关，应借此反思改过。如孟子曰："爱人不亲反其仁，治人不治反其智，礼人不答反其敬。行有不得者，皆反求诸己。"（《孟子·离娄上》）又如王阳明说："学须反己。若徒责人，只见得人不是，不见自己非；若能反己，方见自己有许多未尽处，奚暇责人？"（《传习录·黄修易录》）所以，困苦有使人反求责己之功。

四、以自己之苦类推众生之苦，就能感同身受，遂不忍其苦而欲救拔，而这正是仁义之相。所以，困苦有长养仁德之功。

五、困苦之来必有其根由，若能痛定思痛，斩其根本，又何尝不是好事。所以，困苦有借以清除积弊、拨乱反正之功。

六、经历困苦使人更成熟、更坚强，从而有能力做更大的担当。所以，困苦有长养堪能之功。如阳明先生道："人若着实用功，随人毁谤，随人欺慢，处处得益，处处是进德之资。"（《传习录·黄修易录》）

既然善用困境能带来这么多好处，当困境来时就不应不喜。再者，若困局已无可挽回，忧恼不仅无益，反而苦上加苦，所以不应忧恼；若仍有机会改变，那就去改变它，所以也不必忧愁。

总之，困难一定会有，但有困难不一定不幸。对于智者而言，困难的到来就意味着提升机会的到来。就像好学生不怕做题，甚至以做难题为乐，因为那样长进更大。而总是待在某个“舒适区”里不被挑战，又怎么会有进步呢?

第三节　犯而不校

在众多逆境中，最挑战的就是受人伤害。对此不能安忍就会以怨报怨，这完全是小人之道。君子之道则是“犯而不校”（《论语·泰伯》）——心里不会与之计较，当然也不会怨尤。君子能做到这一点，固然是因为他大人大量，但一定还有其理得心安之处，并如非常人想象的那样全凭强忍。其安心之理在“正心”一章谈到对治忿懥时已有述及，今更详陈如下：

一、就对方思考

1. 通常人们最难忍受的，是他人伤害我的主动性或故意性。对此试思：这种主动性浅看是存在的，深看则不然：他害我是被私欲所使，因此是被动而非主动；既然是被动的，就不应该再怨恨他。就像精神病人被错乱思维所使而打人骂人，他完全是被动的，也因此没人会怪罪他。运用这个思路的关键在于：既然病人与其病之间不能画等号，同样地，犯错者与其错误思想之间也不能画等号，应区别对待。当然，此处不是从法律的角度来讨论主动与被动，而是从修心的角度来探求更高超的视角，为的是消除怨气。出发点不同，故取法不同。

2．孟子的性善说提供了另一角度。孟子曰：“人性之善也，犹水之就下也；人无有不善，水无有不下。”（《孟子·告子上》）《三字经》亦取此义说：“人之初，性本善；性相近，习相远。”人人本性为善，但由于熏习不同，故贤愚有别。愚者一旦能反己知非，仍可以回心向善而为君子。故如珠玑蒙尘，不失为珠，善者暂恶，不失善本。因此，对愚恶者不应憎恶，以其本性非恶；唯应助其去恶归善，一如拭尘见珠之理。

3．如果不认同性善之说，认为对方禀性恶劣，就像火的本性原为烧热一般。那么，既然被火灼伤时不会抱怨火，被恶人伤害时又为何要抱怨人呢？

二、就自身思考

1．以怨报怨，无非是想消除自身的痛苦。可是这样会冤冤相报，使双方都更加痛苦，所以不应如此。

2．君子唯恐伤仁、不恐伤身。如子曰：“志士仁人，无求生以害仁，有杀身以成仁。”（《论语·卫灵公》）学人既志求仁德，对于恶人理应悯其无知，而不应恚恨相加。否则，若受不得一点委屈，动辄以恶报恶，为全身而伤仁，这哪里有一点君子的气象？

3．为治病救人，虽不妨“以直报怨”（《论语·宪问》）以立公道，但切不可假“以直报怨”之名，行“以怨报怨”之实。虽然二者做法相似，例如都是加以呵斥，但由于动机不同，则前者为善，后者为恶。学人不可不察。

三、就受损内容思考

最常见的损害是对名利的损害。名利富贵在儒者看来如浮云一般不实，果能看破，自能放下。这在前面“格物”、“正心”等章已有述及，此处再增加几条更深细的理路：

1．名声本身并不能增福延寿，犹如画饼不能充饥，故名声受损不应在意。

2．讥毁之词并不能像刀剑那样能加害我身，心无形质也无从被害，身心之外更无可害之处，所以“我被他的言辞所伤”只是一种错觉。既然如此，面对讥毁就不必生气。

3．赞誉及利养等容易令志向滑落，还容易增长傲慢、嫉妒等鄙薄之态。有鉴于此，智者唯恐避之不及。故当名利受损，正如被解粘去缚，对此不仅不应恼恨，反而应该庆幸感激才是。

总之，对嗔不见其过而纵任，不可谓智；对人不忍其犯而报复，不可谓仁；求道不堪其苦而退怯，不可谓勇。不经过这各种磨炼，就不堪降以大任。故必定要在“造次、颠沛”中练过，在“富贵、贫贱、威武”中练过，才能成就大仁大德。求为圣贤者，此理不可不明，此法不可不修。

第二十章　自强不息

《易·乾卦》云："天行健，君子以自强不息。"圣人至德，如天覆万物。君子追求至德，亦当取法天之行健——自强不怯、勇进不息，为此就要战胜怯弱和懈怠。本章将论述其用心关键。

第一节　画地为牢

夫子之道仰之弥高，钻之弥坚。面对这样的大道有两种心态：一种是渴求——这么美的境界，我一定要达到！另一种是怯弱——那么高的境界，我怎么能达到？在常情中后者居多，是以多数人不肯学道。即使是已入学者，当心力低落时，也会冒出怯弱的念头。一旦怯弱就退缩不前，甚至就此放弃。可见怯弱是为学的大敌，必须设法突破。怯弱主要源于自认为不能。要肯定自己能，可从以下角度思维：

一、不能与不肯

冉求就是一个怯弱的人，他对孔子表白说："非不说子之道，力不足也。"说他之所以不肯用功，不是因为不喜欢夫子之道，而是因为自己力量不足。孔子破斥道："力不足者，中道而废。今汝画。”（《论语·雍也》）那些已经努力了，但确实由于精疲力竭而停在半路的人，才算“力不足者”；而冉求你尚未起步就说力量不足，怎能算是“力不足者”？你这是在画地为牢啊！

故在孔子看来，或走百步，或走一步，谁人不能？如果还没走就放弃，或者还有余力时就止步，这些都属于冉求同类。

孟子则云：“恻隐之心，仁之端也；羞恶之心，义之端也；辞让之心，礼之端也；是非之心，智之端也。人之有是四端也，犹其有四体也。有是四端而自谓不能者，自贼者也。”（《孟子·公孙丑上》）恻隐、羞恶、辞让以及知是非之心，虽然不及仁、义、礼、智这四德之高，但堪称这四德之端，而这四端人人有之。心有四端就像身有四肢，身有四肢则能行动，心有四端则能进德。如果还强说自己不能，那就是自误自害了。

孟子又云：“徐行后长者谓之悌，疾行先长者谓之不悌。夫徐行者，岂人所不能哉？所不为也。尧舜之道，孝悌而已矣。子服尧之服，诵尧之言，行尧之行，是尧而已矣。”（《孟子·告子下》）让长者先行，自己慢慢走在后面——此即行悌，行悌即入尧舜之道。故入尧舜之道，有谁不能？只是不肯为而已。

颜回亦道：“舜，人也，予，人也，有为者亦若是！”（《孟子·滕文公上》）我与舜同样是人；他能，为何我就不能？若我肯为，也就同他一般。如此就是道了。

二、心有巨大潜能

或有人说："为长者折枝"的小善还能做，但成圣贤则不能，不能故不为。须知不能有两种：一是现在不能，且无此潜能，故将来也不能；二是虽然现在不能，但现在有此潜能，待把潜能开发出来，将来一定能。凭体力"挟泰山以超北海"属于前者，是真不能；凭心力成圣成贤则属于后者，其实是能。在自认为不能的人当中，有的是把后者当成前者，这是不对的。

心的潜能有多大呢？孟子曰："万物皆备于我矣。"（《孟子·尽心上》）亦即万德皆备于我心，只待启发而已。其理在于：心可以学习、可以成长、可以被塑造，心的可塑性比物质要大过千千万万倍。如人在幼时，其心懵懂无知，百无一能。及成年时，即使是一般人，也能掌握诸多知识技能；若肯专攻勤学，还能成为某领域的大家。这充分说明心有巨大潜力。若移于修道，则无有不成功者。

又即使是起点比别人低，也不是问题。如《中庸》道："人一能之己百之，人十能之己千之。果能此道矣，虽愚必明，虽柔必强。"

人人皆有此心，人人皆有此能。若一味说自己不能，不知理从何来？所以，不是能不能的问题，而是肯不肯的问题。

三、难不是理由

又有人说：能而不为，是因为太苦太难。可是，如果是该做的事情，则无论有多苦多难，不都得去做吗？这其实是一个常规思路，在生活中处处用到。例如苦读备考、熬夜赶工、陪护病人等等，都是在做辛苦而该做的事情。对一般事务尚且如此，对修身立德这件大事更无例外，又怎么能因难言弃呢？

四、熟则不难

事情的难易与熟练程度有绝对关系。例如：讲母语很容易，讲外语很难；可是外语练久了也变得容易。所以“难不难”的问题，实际上是“熟不熟”的问题。因此，要让一件事变容易，只需要不断练习，练熟了就变容易了。

又当一件事情变容易的同时，与之相反的事情就会变难，即所谓“生处转熟、熟处转生”。例如：怕辣的人吃辣椒很难，但吃习惯之后，不辣就吃不下饭；不爱动的人让他运动很难，但养成运动习惯之后，让他不运动反而很难。

对常人而言，对修身很陌生，开始学道时当然觉得困难。但只要学下去，就会觉得容易，不学反而不安；而对以往的一身俗气，会渐渐生疏，要他再现个俗相，反而很不自在。

五、修身的容易处

修身要改掉坏毛病，这是它难的地方，但修身也有其容易之处。这是因为：修身在于修心，得道也是得之在心，所以修身不限时间地点，不限尊卑贫富，只需管好当下一念，没有比这更简单的。而想在百工技艺上获得成就，往往还得依赖许多客观条件，缺一项就无法达成。例如，有时因少一把螺丝刀就干不成活，更不要说缺一台设备了。

第二节　一篑见功

除了上述视角以外，还要习惯于用分解的方式看待修道的过程。这也极有助于消除怯弱，激发信心和勇气。

具体来说：每当我们想到所谓道的时候，一定不要停在直觉层面——把它想成“密实的一大团”。而要想到：道不论它再宏大，也是由层层功夫按次第构建起来的，而每一层功夫又是由更小的，甚至是点滴进步所积聚的。所谓点滴进步，可以小到生一个善念、讲一句好话、给一个微笑……照此渐行渐近的方式用功，从跨出第一步开始，之后每次只需再跨一步，到终点之前还是只跨一步；而跨一步并不困难，所以修道过程也不可谓困难。除了跨一步再跨一步之外，也就没有所谓修道了。《大学》所谓的“苟日新，日日新，又日新”，也正显此义。

如果说高度越高，跨的那一步就越难，这也不然。因为难度是相对于基础而言的，随着基础的提升，最后一步之难与第一步之难是一样的；反过来也可以说，最后一步与第一步是一样的容易。就像摩天大厦底层的第一个台阶，与顶层的最后一个台阶，其跨度是一样的。

从孔子的教诲中就可以悟出这种思考方式。如子曰：

“譬如为山，未成一篑，止，吾止也；譬如平地，虽覆一篑，进，吾往也。”（《论语·子罕》）试析其中要义如下：

一、成山由篑，这就是分解式的观察方式；积篑成山，仁德只能一步一步地积累。

二、修道是进是止，仅系于当下一念，而这一念操之在我，与他人无关，也与处于什么阶段无关。

三、在可进可退时，必须前进一步。若能如此，则纵然根器不敏、基础全无，好比要平地筑山，犹能见一篑之功；若一进再进，则道业必成。反之，纵然禀赋聪利、积功既久，一旦止步不前，就好比要为山九仞，但功亏一篑，也不可谓终成。

四、子曰：“有能一日用力于仁矣乎，我未见力不足者。”（《论语·里仁》）每次只跨一步，这是我们稍作努力就能做到的。若连跨一步的勇气也没有，在可进可退时常常选择退后一步，就会养成这一顽劣的习气。由于退一步之后，还会遇到别的困难，这个习气会使人选择再退。如果一退再退，到最后还能做什么呢？更严重的是，如果退到了道德的底线，难道就不会跌破底线吗？如果连一步向善的辛苦都受不了，就能受得了由不善所招来的种种苦恼吗？为逃避小苦，却吃了大苦，这是划不来的。

类似的古训还有很多，如《荀子·劝学》中道：“故不积跬步，无以至千里；不积小流，无以成江海。骐骥一跃，不能十步；驽马十驾，功在不舍。锲而舍之，朽木不折；锲而不舍，金石可镂。”都可以参照以上方式思考。

学者的状况千差万别，其“当下一步”也因人而异，但都要结合学人的现状，是他经过一定努力就能跨上去的。若定位太高则过——过则劳而无功，徒然辛苦；定位太低则不及——不及则学之无益，浪费时间。就内容而言，这一步无外乎是要明未明之理、改未改之过。定位需要指导，明理需要请问，改过需要切磋。因此，学人每前进一步，都少不了师友的陪伴。

第三节　乐在其中

成就仁德需要经久修习。凡事能久为不弃，就必须从中体会到足够的乐趣。如果做起来总是苦哈哈的，那谁都难以坚持。然而，耕耘是辛苦的，而且在起步阶段会特别辛苦，怎样才能乐在其中呢？这就要用强有力的思维来战胜辛苦的感受，以下分四点论之：

一、仰止圣贤

辛苦的事并不一定都让人厌倦，只要认准了它有殊胜价值，就会乐此不疲。就像为争夺足球冠军，虽人人气喘如牛，但个个兴趣盎然。同样地，如果博闻广学，高慕圣贤，则尽管修道勤苦，亦能甘之如饴。

二、树立正确的成败观

在学道和弘道的过程中一定有成有败。成功了固然喜悦，但失败了也不必沮丧。因为成是成在具足各种条件，败是败在某些条件还不具。所以成非侥幸，败非偶然，败了也未曾吃亏，只是得到与已有条件相称的结果而已，而且不试也不知道条件缺在哪里。常言道“失败是成功之母”，利用失败发现所缺漏的主客观条件，使其一一完备，则最终一定成功。在这个意义下，失败并不是真的失败，而是在帮助我们走近成功，而屡败屡战正是成功之路。反之，一失败就放弃，那才是真正的失败。

三、及时总结收获

子夏曰：“日知其所亡，月无忘其所能，可谓好学也已矣！”（《论语·子张》）好学表现在两方面：一是每天都反省到自己不会的，以求上进；二是每个月都要总结巩固已经学到的，以免遗忘。对此我们虽不陌生，但不见得熟练，尤其是对后者。因为人们普遍有一种倾向——好看缺点和不足，不好看进步和收获，而且对人对己都是这样。

有人说这是谦虚，其实不然。因为真谦虚会让人学而不厌，是积极的；好看负面会积累“我很差、学道很难”的沉重感，其作用是消极的。当这种消极感愈积愈深时，就使人前行乏力，到某个程度时就走不动了。反之，不仅在每个月，甚至在每天、每件事上，都及时找出自己已经做到、做对的部分，不断累积成功感，就会感到喜悦和希望，从而保持踊跃前行的力量。

即使做到的部分很小，做不到的部分很大，也一样可以总结进步，因为进步是相对的。甚至于当自己被私欲一时打败，随即又能振作起来与之战斗，这相比于过去的一蹶不振，也是非常可贵的进步。广而言之，知道比无知是进步，尝试比空谈是进步，对治比放任是进步，战败比坐等是进步，坚持比放弃是进步……有太多的进步可以总结。这里最关键的是看心的走向——如果正从原来那个坐标移向圣贤，那移过的每一寸都值得珍重。

除了总结进步之外，还要总结经验，比如这些进步都依托了哪些条件，那些条件是怎么被经营出来的……获得经验也是一种成功。把这些经验移用于解决新的问题，无疑有极大的助益。

四、善始善终

不管是学习还是行善，一定要要有始有终——启动不草率、既做不轻弃；与其常启常弃，不如最初就不要启动。因为一旦养成这种恶习，就会常常有始无终，致使时光空过、资源徒耗，终将一无所成。不仅会对自己失去信心，也会对道失去信心，还会失去别人的信任。所以，事先应该仔细规划，规划要切实可行，一旦启动就要善始善终；即使中途调整，也要慎重妥帖，勿使有损于前行的锐气。

孔子也是喜欢“临事而惧，好谋而成者。”（《论语·述而》）《中庸》也强调“凡事豫则立，不豫则废。”真正要立德行事时，一定要稳扎稳打。那种没有次第、不讲章法的方式是不可取的。

五、张弛有度

用功应缓急适中，当身心太紧或太过疲劳时一定要适当休整。因为这时即便勉强撑持，也难以再学出滋味，反而会留下“学习很苦”的印象，这绝对会损减学习的兴趣。从《论语》中也可以看到，孔子既有“发愤忘食”的时候，也有从容闲适时候。如“子之燕居，申申如也，夭夭如也。”（《论语·述而》）又如“樊迟从游于舞雩之下。”就记载了孔子在樊迟的陪同下，在舞雩（鲁国的求雨台）一边漫步，一边交谈的场景。当然，放松不是放纵，任何时候都不可违礼。

总之，在可进可退时总是进一步——这就是用功的精髓。其典范则如颜回，孔子赞他道：“吾见其进也，未见其止也。”（《论语·子罕》）学人若能深得此旨，则刚毅足以克难，从容足以持久。无需太久即小有可观，令人刮目相看。

第廿一章 日课三则

以上完整阐述了儒家的修身次第。据此，既能把握儒学的纲目，又能找到下手的门径；同时还能会通群经，将众多经义都纳入用功次第而付诸实践，从而显示出经典本有的应用价值。如果仍有不得要领之感，则可先将“观功念恩、为人着想和勤积小善”这三者奉为日课，以涵养心性和智识，待基础补强后自能契会。就体性而言，观功念恩通于智，为人着想通于仁，勤积小善通于勇，故可谓下学而上达。这些内涵在前文中虽曾论及，但都不够系统，所以再加以专题阐述。

第一节 观功念恩

一、何谓观功念恩

观功之“功”就是功德，泛指各种美德和优点。观功是指刻意观察并执取他人的功德。念恩是指刻意思考和忆念他人的恩德。使用“刻意”一词是强调在功夫不熟时，必须着力为之，久而久之就会养成习惯。观功能引发信赖、尊重以及效学的心，念恩能引发爱敬、感恩以及报恩的心。

儒典里虽无“观功念恩”这样的字眼，但却有这样的内涵。例如，孔子将“乐道人之善”列为“益者三乐”之一（《论语·季氏》），也即对人有益的三种乐好之一；《中庸》说舜一向“隐恶而扬善。”这些都是在讲要观功。

至于念恩，如孔子说：“父母唯其疾之忧。”（《论语·为政》）“子生三年，然后免于父母之怀……予也有三年之爱于其父母乎？”（《论语·阳货》）还有“身体发肤，受之父母，不敢毁伤，孝之始也。”（《孝经》）等，都是教人要念父母之恩，这是行孝的基础。而孝又是仁的基础，移孝于众则成仁，故习仁者亦应将念恩之法推及众人。如《弟子规》提出“恩欲报，怨欲忘；报怨短，报恩长。”则更是将其视为一般的待人之法。

时下人们常提到“正向思维”——系指用正面、积极、乐观的角度去看待事物，且由此引发善心善行（若作他解则另当别论）；观功念恩亦可归入之中。但前者范围广泛，后者则主要是对人事而言。不过，生活中离开人事的的确不多，所以观功念恩也是正向思维的主要组成部分。

常常观功念恩有诸多好处：一是人际关系和谐，因为看人负面少、没有对立感；二是能交到挚友且友情长久，因为能“久而敬之”（《论语·公冶长》）；三是心态阳光、幸福感强，因为常看到美好的东西；四是能巩固修道的根本——孝悌、亲仁；五是容易学到东西，因为见贤则思齐；六是行仁自觉自愿，因为对人充满好感……如此不一而足。

观功念恩不能只想在心里，还要通过真诚的赞美、感恩的话语表达出来，因为那样对方才知道。对方得到肯定和鼓励会倍感庆慰，亦将因此而为善愈勇。另外，扬人之善还能使闻者感化，也加入为善的行列。所以观功念恩本身就是在行善和扬善。

二、何谓观过念怨

观功念恩所要对治的就是观过念怨。对人习惯性地寻察过失而且好加批评指责，就是观过；稍微受点委屈就怨天尤人而且疾之不忘，就是念怨。

动辄观过念怨是很多人的常态，形成这一常态的主要原因是：习惯于站在“我没错”的立场上看问题，觉得错都出在人家那里；即使我有错也是次要的、偶然的、被动的，也是因为别人没做好才导致的。久而久之，其思维模式严重偏差，只见人过不见己非，一如孔子所感叹的那样“吾未见能见其过，而内自讼者也。”（《论语·公冶长》）以及“近之则不孙，远之则怨。”（《论语·阳货》）无论怎样他都不满意。

《德育古鉴·劝化类》记载了一个好观过念怨的反面典型：“祝期生，好讦人短，又好诱人为非。人有貌陋者，讥笑之；俊美者，调嘲之。愚昧者，诳侮之；智能者，评品之。贫者，鄙薄之；富者，讪谤之。官僚讦其阴私，士友发其隐曲。见人奢侈，誉为豪士；见人狠毒，赞为辣手。人谈佛理，目为斋公；人谈儒行，嗤为伪学。人言一善言，则曰：‘渠口中虽如此，心上未必如此。’人行一善事，则曰：‘这件事既做，那件事如何不做？’乱持议论，颠倒是非。”史载此人不得善终，足为后人诫勉。

以常人经验也不难知道，观过念怨实在害处多多。例如：它直接损减对人的敬意和好感，增长轻屑、厌恶乃至怨恨；不想善待对方，甚至想伤害对方；心态忧郁，损害心智和身体健康；怨气四射，没人想靠近，故将孤立无伴；尝到苦果时更加观过念怨，于是进入恶性循环……总之观过念怨一无是处，不可不早早戒除。

颜回的“不迁怒”（《论语·雍也》），孔子的“不怨天、不尤人。”（《论语·宪问》）“无攻人之恶”（《论语·颜渊》），以及伯夷、叔齐的“不念旧恶”（《论语·公冶长》）等等，都是在教人不要观过念怨，一定要通过反求诸己解决问题。

三、观功念恩不是是非不辨

要观功念恩、不要观过念怨，这不是让人是非不辨。是非不辨者就是糊涂人，观功念恩岂是在教人变糊涂。“唯仁者能好人，能恶人。”（《论语·里仁》）学仁岂能不知善恶。

然而，明辨是非应当客观全面，不仅要看到“非”，更要看到“是”；他人之过固然不必看成是功，但他人之功也绝不应看成是过。正因为不少人习惯于见过不见功、念怨不念恩，所以才特别强调观功念恩。这恰恰不是让人变糊涂，而是让人变聪明啊！

四、正确面对别人的过失

见人有过，又当如何呢？正确的方向有二：一是自我提升，如“见不贤而内自省也”（《论语·里仁》）；二是设法帮助他改善，也就是要新民。这时，无论是委婉相劝，还是直言不讳，都一定要出于仁爱，而不是出于己私——是不忍他人受苦，而不是不忍自己受苦。

还有一点非常值得注意：我的观察并非完全可靠，因为我心未净，很容易看偏看错，所以不可轻断是非，徒增困扰。《吕氏春秋·审分览》中记载了一段故事：孔子师徒在陈绝粮时，颜回讨来米并负责煮饭。饭快熟时，炭灰飘进锅里。颜回怕浪费，就把弄脏的米吃掉了。孔子远远望见了就以为颜回偷吃，后来发现是个误会，遂感叹道：“所信者目也，而目犹不可信；所恃者心也，而心犹不足恃。弟子记之，知人固不易矣！”圣人借故说法，意在深警后人——当“不患人之不己知，患不知人也！”（《论语·学而》）

五、多角度观功念恩

观功念恩可先从浅易处练起，例如，见到某人热心施助等等。若要深入，在似乎无功可观、无恩可念之处看出美来，就要用披沙拣金的精神去发现。以下略举数端以启发思路。

1. 把人的动机和做法分开看：虽然他的做法有问题，但他的动机却是好的。例如：父母的某个做法或说法未必合理，但其爱子之心却无人能及。

2. 把人的态度与言行的内容分开看。例如：他的话难听，但理没错，值得参考。

3. 把当下的表现与其过去的表现分开，要摆脱成见的影响。例如：一向比较自私的人，偶然也伸出援手，这一善举就尤其值得称道。

4. 要看到人家已经做到的部分，不要只盯着没做到的部分；要看到努力，不要只看结果；要看到相对进步，不要只看绝对水平；基础差的人进步一点就很值得嘉许，因为他比基础好的人付出了更多。

5. 别人习以为常的善依旧是善，日日给予的恩依旧是恩。不能因为是常态就对其麻木，甚至觉得理所当然，以致人家偶尔不做就被视为有错。

6. 他之不贤，正好让我借鉴，以免重蹈覆辙；他人为难我、委屈我，对我是一种磨砺，使我更加成熟，因此这些人也有恩于我。

7. 纵使某人的品行果真一无可取，但是人皆有心，有心皆内禀明德，只是暂被私欲蒙蔽而已；一旦私欲格除，明德全彰，则人人尽同圣贤。如珠玑蒙尘而不失其值，此是观功究竟之法。

8. 不要只就个体看个体，还要善于从整体看个体。例如：就每个个体而言，都有这样那样的缺点，但当整个团队取得成功时，其实人人都有功劳，而整体成功的利益，我也可以分享。所以，每个人都有功可观、有恩可念。

仔细想来，我离开社会就无法生存，而社会离开了我却可以照样发展。每个人所享用的社会资源，都是由社会大众所共同创造的。所以，人与人之间存在着普遍的、错综微妙的依存关系。所以，怎能说哪一个人对我没有恩德呢？如果把大自然也放进去思考，则天地万物岂非都有恩于我？

观功念恩的角度越多，其力量就越强。又即使一个人缺点多、优点少，若专就其优点多加思考，对他也能形成正面观感，从而避免产生厌恶等不仁之心。

总之，常看别人好的一面，别人不一定受益，但自己一定受益；常看别人不好的一面，别人不一定受损，但自己一定受损。他人的优点一定是有，只是缺少发现。借用雕塑家罗丹的一句名言："生活中从不缺少美，而是缺少发现美的眼睛。"

对谁观功念恩，谁就变得可亲可敬，也就很想使之快乐。在这个基础上，就很容易为人着想了。

第二节 为人着想

仁的最高境界是忘我利他。初学者则不必高谈忘我，可以从为人着想练起。为人着想是指：做事时一定要照顾到别人的苦乐和需求，不能只顾自己。

"为人着想"与"只顾自己"的习惯相反，要改变习惯先改变看法。先从公平上论，人们下意识地都觉得自己比较重要，别人应该为我着想；如果这是合理的，那我也应该为人着想，这也是合理的。

进一步要利而行之，多多了解为人着想的好处，自然乐意为人着想。

一、为人着想的好处

为人着想不仅对别人有好处，而且对自己也有好处，甚至对自己的好处更多、更大。例如：

1. 对人好正是对自己好。怎样对待别人，别人就会怎样对待自己。为别人着想了，别人也会为你着想，所以并不吃亏。如孟子说："爱人者，人恒爱之；敬人者，人恒敬之。"（《孟子·离娄下》）如果只顾我好，反而对我不好，因为没有人喜欢自私的人。

2. 收获的比付出的更多。人人都生活在家庭、社会等各层面的集体之中，从而享有着集体资源。个人为集体付出一分，收获的则是百分、千分。例如，每个人所享有的公共资源，都远远超过他个人的那一点贡献。反之，如果只打小算盘而不顾集体，当集体下滑时，个人从中分享的利益也就随之衰退了。

3. 减少痛苦、增加快乐。人觉得痛苦，是因为自我受伤；越在意自我就越容易受伤，从而痛苦也越多。若习惯于为人着想，越来越在意别人、不在意自我，如"君子贵人而贱己，先人而后己"（《礼记·坊记》），就越不容易受伤，当然痛苦也越少。与此同时，当所关爱的人得到了快乐，自己也不会麻木和嫉妒，也会跟着快乐，甚至更快乐。

就像母亲看到爱子获福将喜不自胜。如果所关爱的人越多，这越多的人得到快乐时，自己的快乐也越多。如庄暴问孟子："独乐乐，与人乐乐，孰乐乎？"孟子答："不若与人。"又问："与少乐乐，与众乐乐，孰乐？"孟子答："不若与众。"（《孟子·梁惠王下》）或问：为他人着想后，既然他乐我也乐，那么是否他苦我亦忧呢？这就要谈到下一个重点。

4. 为人着想越广、修道进步越快。关心的人越多，关切的程度越深，对他们的痛苦就越发不忍。这种不忍与私欲不获之苦有着本质的区别，因为它出自对众人的责任感和使命感，是一种神圣、超越的感受。在它的推动下，希圣希贤之心会倍加炽烈，遂使格局愈广、进德愈速。

5. 为人着想是营造和谐的良方。人与人的想法、习惯和诉求之间一定存在各种矛盾。在处理矛盾时，如果只顾自己不顾别人，就会出现争讼乃至杀伐。如著名的清官海瑞曾总结道："不知讲信修睦，不能推己及人，此讼之所以日繁而莫可止也。"（《兴革条例·吏属》）如果各方都为人着想，就能化解矛盾，和谐共处。礼治的本质也正在于此，没有比这更好的模式了。

面对矛盾，能够先跨出去为人着想的人是真勇士——因为他战胜了最难战胜的自我；他也是真智者——因为他选择了真正的解决之道。

对于那些顽恶不化者施以治罚，以防止他因祸害生民而自堕罪薮，这也算是为人着想的一种特例吧。

二、为人着想的方法

1．打好观功念恩的基础。即使知道为人着想好处众多，但如果对人没有感觉的话，也难以为之。如果还憎恶对方，那就不仅不想利益他，甚至还希望他倒霉。反之，如果敬重、喜爱对方，就会真心地想让他快乐。观功念恩正可以培养对人的这种悦意感，所以一定要在观功念恩上先下功夫。

2．推己及人、待人如己。人同此心、心同此理，所以“己所不欲、勿施于人。”（《论语·颜渊》）这是做事的基本原则。如果要帮人解决问题，就不能单凭一番好心，还必须设身处地、找准问题才行；这就需要下一番“心诚求之”的功夫（见“齐家”一章）。不然的话，很可能会帮倒忙。

推己及人之法直通仁德，故不可小觑。如傅玄道：“夫仁者，盖推己以及人也。故己所不欲，无施于人；推己所欲，以及天下。”（《傅子·仁论》）如果推己及人做到极致，就与圣人之仁没有差别了。

第三节 勤积小善

观功念恩启发对人的好感，为人着想培养利人的善心，将此善心形于身口就是善行。一上手就行大善这不现实，即使能行大善也不应轻忽小善。所以不论是初学还是久修，都应该勤积小善。

一、何谓小善

小善就是生活中的点滴之善，下至如问候、道谢、让座等等。要行小善当然就要遮止小恶，如不说脏字、不浪费、不扰邻等等。更多的内容可以参照《弟子规》《常礼举要》等，以及各种公民道德规范，兹不一一赘引。对古书中不合时宜的地方，但取其精神，加以变通即可。如“路遇长，疾趋揖”，现在没有作揖的习惯，走上前亲切问候即可。

小善不仅包括言行，而且包括心念——起一善念即一小善，断一恶念亦一小善。所以在一天之内，可以完成数不清的小善。

二、小善不小

古人常常诫勉后人：“勿以恶小而为之，勿以善小而不为。”究其缘由有以下几点：

1. 避免养成文人习气。儒者的风范是“博学而不穷，笃行而不倦。”（《礼记·儒行》）学而不习，就走上专搞学术的岔路。强调“行有余力，则以学文。”（《论语·学而》）也正是为堵此歧途。

2. 对善心品质是一种检查。善行来自善心的推动，如果连小善都不肯为，那就要反省到底有没有善心？如果有的话，它强不强？通过践行小善可以更了解自己，防止眼高手低。

3. 养成行善习惯。小善虽小，但勤行小善，却能养成行善的习惯，这个习惯却不可谓小。凡事养成了习惯才不易退失，而行善不退是多么难得啊！

4．渐能行大善。勤行点滴之善，则为善的智慧和能力、对为善是乐的体悟、断恶修善的成功感都会增加，对行大善的踊跃心也会增强，于是就具备了能为大善的主观条件；当小善积累多了，则“德不孤，必有邻”，诸多有利的外部条件也会不期而至，能为大善的客观条件也具备了。当主客观条件都具备了，自然能行大善、行上善，进入从善入善的良性循环。

5．小中见大。小善通于儒家的“小学”，如洒扫、应对、进退之类。古人教人先习小学以养性培基，然后才进入明德亲民的大学。如程子道：“君子教人有序，先传以小者近者，而后教以大者远者。”程子又道：“自洒扫应对上，便可到圣人事。”这是因为小善与大善同归仁义，如“洒扫应对，便是形而上者，理无大小故也。”（《论语集注·子张》）

将这三门功课与各个德目细较可知：它们既含于各目，又别立自成。论其浅，常人一听就懂；论其深，非圣贤不能究底；论其易，连小学生都能做；论其难，连八十老翁也有所不及。故可谓即浅即深、即初即后。若肯每日三省，经久习学，虽不中亦不远矣！

总 结

人人都追求离苦得乐。苦乐虽然会受外境的影响，但主要取决于内心，所以离苦得乐应以修身为本。

离师无从问学，离友无以切磋，要修身就要亲近良师益友。

修身须有轨度和目标，唯圣贤功臻德备，故修身者不可不志在圣贤。

圣贤得之有道，道有其纲目次第。故修道定须依次而为，不可躐等急求。

明理笃行是学习各目的共轨。理不明则不知门径，故当学、问、思、辨以致其知；行不笃则痼习依旧，故须好善、恶恶以诚其意。

道的主轴在于格除私欲、长养仁德。行仁以孝悌为最易、最基础，故应先习孝悌以固本。

私欲中物欲最为粗显。物欲不薄者，既无暇问道，亦无力深造，故格私必先格物。

物欲既薄，更当格除私欲中之细者，如忿懥、恐惧等种种不正。此谓之正心。

不正既除，更当纠治偏辟。偏辟源于亲疏，亦为私欲之属；有偏辟则有厚薄，有厚薄则不能一视同仁。故偏辟不可不除，此谓之修身。

至此立己有得，格私有成，但其余习犹在，且仁德未周。故应更修立人之道，以求净尽己私、完满众德。

以孝事亲、以悌事兄、以慈教子则能齐家；以德垂范、以义为利、近贤远佞、聚民散财，以此絜矩万民则能治国；以九经治世、行仁于四方，则能平天下。

要策励道心需利而行之，要事事归宗需秉持得仁在心，能忍拂逆要善于转苦为道用，要消除怯弱须知渐修无难，能保持欢喜需常常总结收获。如此多方善调则能恒进不退。

学问要广博，但头绪要清晰。谈义理，可以圆融活泼，论用功，则要次第井然；此二者不可混淆。

若能多知上上德目之美，并见其是以下下功夫为基，就更想实践下下；若于下下躬行有得，则益信愈上愈胜，就更想实践上上。如此通贯而思极为切要。

总之，志向要高远，见地要透彻，行持要踏实。肯如此用功，圣贤可驯至矣！